中国应用新闻传播
十大创新案例（第三辑）

主 编 / 张志安 陶建杰

南方日报出版社
NANFANG DAILY PRESS
中国·广州

图书在版编目（CIP）数据

中国应用新闻传播十大创新案例. 第三辑 / 张志安，陶建杰主编.
--广州：南方日报出版社，2020.12
ISBN 978-7-5491-2260-8

Ⅰ.①中… Ⅱ.①张… ②陶… Ⅲ.①新闻学—传播学—案例—中国
Ⅳ.①G219.2

中国版本图书馆 CIP 数据核字（2020）第 220724 号

ZHONGGUO YINGYONG XINWEN CHUANBO SHIDA CHUANGXIN ANLI (DI-SAN JI)
中国应用新闻传播十大创新案例（第三辑）

主　　编：张志安　陶建杰
出版发行：南方日报出版社
地　　址：广州市广州大道中 289 号
出 版 人：周山丹
责任编辑：刘志一　郭海珊
装帧设计：邓晓童
责任技编：王　兰
责任校对：裴晓倩
经　　销：全国新华书店
印　　刷：广州市尚铭印刷有限公司
开　　本：787mm×1092mm　1/16
印　　张：11
字　　数：164 千字
版　　次：2020 年 12 月第 1 版
印　　次：2020 年 12 月第 1 次印刷
定　　价：38.00 元

投稿热线：（020）87360640　读者热线：（020）87363865

代序 Preface

互为协同的应用新闻传播创新实践和研究

——在2019年中国应用新闻传播论坛上的讲话

自2017年起连续第三年，中国新闻史学会应用新闻传播学研究会推出“应用新闻传播十大创新案例”评选活动。经过初选、投票，最终产生的十大案例生动折射出媒体深度融合背景下中国数字媒体业的探索和创新。2019年度的十大创新案例包括：人民日报抖音号（人民日报新媒体中心）、新华网融媒体未来研究院（新华网）、触电新闻客户端（广东广播电视台）、新闻付费“财新通”（财新传媒）、非虚构写作栏目《人间》（网易新闻）、多语种语音识别智能技术（科大讯飞公司）、喜马拉雅有声书（喜马拉雅FM）、南都大数据研究院（南方都市报）、县级融媒体“爱安吉”App（浙江安吉传媒集团）、微信公众号“秦朔朋友圈”（上海那拉提网络科技有限公司）。

十大创新案例折射出五个趋势

梳理入选的十大案例，从内容、生产、组织、技术等不同维度，可以发现从中折射出数字媒体业变革的五个趋势：

1. 技术智能化。无论是抖音短视频平台上的算法推荐，还是科大讯飞使用的智能语音识别技术，人工智能技术是影响当前应用新闻传播实践的核心变量之一，为此不少媒体开始通过成立研究院的方式加强人工智能技术研发和平台建设。比如新华网融媒体未来研究院是用户数据采集和应用创新的前沿探索者，相关应用实践走在全国前列，体现出央媒融合转型的技术创新思维。除了对中央和省市级媒体产生重要影响外，技术对县级融媒体中心建设来说也是更加稀缺的资源。作为浙江湖州长兴传媒集团之外的县级融媒体标杆，“爱安吉”不仅完成了自身区域融媒体平台的打造，还向全国各地数十个县级融合媒体中心进行了技术和服务输出。

2．媒体智库化。在媒体融合背景下，各家报社积极开拓舆情业务，成立媒体智库，尝试给地方政府、企事业单位提供决策报告和政策建议。近年来，南方都市报（简称“南都”）以南都大数据研究院为枢纽，开始专注以数据新闻和报告为主产品，转型做智库型媒体。从个人隐私信息泄露调查到《个人信息保护报告》推出，南都在数据报告、智库服务方面渐趋成熟，其推出的《广州城市治理榜》《南都街坊口碑榜》也在本地产生一定影响力。如今，越来越多主流媒体在承担记录者、宣传者、调查者的基础上，更加凸显“参谋者”角色。

3．传播情感化。情感和理性本来就不是截然对立的，在网络化社会语境下，情感对传播发挥的作用越来越重要。人民日报新媒体中心在适应抖音平台传播规则的同时，更加注重内容的情感化表达，它所形成的“混合情感传播模式”为其快速建立了影响力。从网易非虚构写作栏目《人间》对平凡人物的记录中，可以看到社会变迁和个体内心的情感起伏。当然，我们强调情感，并不意味着支持煽情，而是要求内容生产者增强“同理心”与“共情力”，在新闻报道实践中认真感受并发掘结构性情感，在更大范围的传播空间中实现公共连接。

4．阅读视听化。视觉和听觉都是人类感官文化的重要组成，感官文化的激发、重组往往能激发传播的效能和潜力。过去这一年，我们既能看到人民日报抖音号、触电新闻客户端在积极探索视觉化传播，也能看到科大讯飞的智能语音技术在更多主流媒体上的应用，它不仅极大提升了主流媒体内容生产的采集效率，也强化了用户“听新闻”的阅读体验。另外，以喜马拉雅FM为代表的有声书平台掀起了新媒体语境下的阅读变迁，使得有声书迅速成为继纸质书、电子书之后的“第三种”出版力量，使受众在场景化阅读和体验中保持更多专注。

5. 新闻付费化。严肃新闻业对于社会公共性价值维系至关重要，但在数字化时代，难以找到可持续的收入和运营模式成为绝大多数媒体转型的痛点。不少学界和业界人士曾经认为，美国《纽约时报》的“付费墙”模式，在中国媒体身上很难复制。令人欣慰的是，财新传媒近年来在全国率先探索全面付费模式，并且取得了初步成功，成为国内唯一入围全球数字订阅报告的中国媒体。要不要建立“付费墙”模式，关键是看有没有高质量的新闻内容，能不能持续提供独家的严肃新闻。此外，资深媒体人创办的“秦朔朋友圈”，作为财经类垂直机构媒体，坚持专业性与通俗性相结合，在内容领域深耕细耘，走出了一条品质坚守的道路，其探索的内容付费和运营模式也同样值得关注。

十佳优秀论文体现出三个特点

2019年，为鼓励应用新闻传播领域的学术研究，中国新闻史学会应用新闻传播学研究会还首次评选出了“中国应用新闻传播研究十佳论文”。阅读这些优秀论文，可以发现应用新闻传播研究殊途同归的三个特点：

1. 对技术变量保持敏感。移动互联网与人工智能技术深层改变了应用新闻传播实践，不少学者对技术变量如何影响新闻生产和传播过程保持密切关注。比如中国人民大学宋建武和黄淼撰写的关于中国主流媒体的融合转型报告型文章，既体现出开阔的行业视野，又抓住了“移动化”主流趋势和数据驱动的技术关键。清华大学陈昌凤和师文的文章，比较全面地分析了智能化新闻核查技术的现状和问题，既有对象引介的意义，也有问题反思的价值。中国人民大学杨保军和李泓江的文章，以技术为切入口，从历时性的角度分析当代中国新闻生产方式的变迁，尝试揭示了新闻生产活动相关要素的演化与结构性变动。

2. 对本土问题保持观照。中国传媒业的本土问题，一直是应用新闻传播研究的主要对象，不仅给研究者提供了丰富的研究素材，而且是研究者以此关注当下现实的重要窗口。比如中国传媒大学黄典林探讨的中国非虚构新闻叙事兴起的动因问题，尝试将非虚构新闻放在传播生态和政治经济格局变迁的语境中加以分析，具有很强的学术思维和本土观照意识。中国人民大学闫岩和武汉大学邹文雪对我国特大事故报道中的受难者形象进行的深入和细致分析，给主流媒体新闻业务研究提供了积极示范。中山大学钟智锦和周志成分析了香港报纸对“一国两制”的报道文本，文章考察内容的时间跨度较大，这种跨境研究的视角值得鼓励，研究观点对理解香港传媒业生态变化具有启示。中国传媒大学刘昶和孟伟的研究对象触及以往记者研究较少关注的中国驻外记者，而且采取了多种实证研究方法进行研究，研究结论对国际新闻报道、国际传播工作的提升等具有启发意义。

3．对经验材料保持理论思考。应用新闻传播研究最大的挑战还是如何进行理论化思考，本年度的多篇优秀论文均尝试在经验材料基础上进行理论阐释。比如上海社会科学院方师师探讨搜索引擎中的新闻呈现，从知识生产的视角进行分析，体现出较好的新闻实务研究的理论意识。青岛大学齐爱军从知识生产、价值论和去西方化三个维度考察马克思主义新闻观，对当下新闻教育和新闻媒体贯彻实践中的马新观有积极启示。清华大学王君超的文章从新闻生产各环节切入，对新闻实践教学和理论思考的“勾连”进行探讨，对新闻实践教学过程中的理论引介和运用具有积极启发意义。

综上所述，2019年的应用新闻传播实践创新与学术研究，均在媒体智能化、内容融合化、问题本土化方面取得新的进展。我们期待应用新闻传播的业界探索与应用新闻传播的学界研究能释放互为协同的更大潜力，也期待2020年评选出的十大案例和十佳论文能给业界和学界带来新的启示。

（作者张志安，中国新闻史学会应用新闻传播学研究会会长，中山大学传播与设计学院教授）

目录

CONTENTS

CONTENTS 目录

01 人民日报抖音号

人民日报抖音号于2018年9月10日开通，截至2019年底发布了超过1800条短视频，获得点赞量38.6亿，粉丝数超过8400万，并获评“2019应用新闻传播十大创新案例”。人民日报与抖音得以成功结合并做出成绩，在于它找准了定位，选择“正能量”这一受欢迎标签；把握规律，努力摸索题材、视频时长、剪辑方法、配乐的最佳结合；讲好故事，坚持“友好不讨好，亲和不迎合，通俗不低俗”的初心，告别“大而全”而主要以瞬间讲故事，力求每一条视频均有要传递的感情，并不忘让有意义的视频有意思，通过视频剪辑、配乐增强与网友的亲近感和队友感。

主题演讲

让短视频有品、有格、有情、有趣

获评“2019应用新闻传播十大创新案例”，算是给人民日报新媒体矩阵中年轻一员——人民日报抖音号的一个阶段性鼓励。人民日报抖音号于2018年9月10日开通，截至2019年底发布了超过1800条短视频，获得点赞量38.6亿，粉丝数超过8400万，账号由一个两人兼职团队负责日常运营，辛辛苦苦、磕磕绊绊也不离不弃地度过了20个月。

如果说人民日报抖音号取得了一点成绩，我觉得主要源于三个方面：一是找准定位，二是把握规律，三是讲好故事。

第一，寻找人民日报品牌调性与抖音的最大公约数，为人民日报抖音号树立“人设”。从根本上说，抖音是网络红人的平台，立足的是人。无论是曾经在抖音爆红过的小甜甜、李雪琴，还是各类坐拥千万粉丝的大号，不管背后有怎样的机构支持，给网友呈现的始终是一个有着鲜明特点的人。在2018年大量媒体抖音号入驻之前，抖音也是以生活类、故事类、趣味类、技巧类内容为主，且新闻相关度低、媒体属性弱的平台。人民日报来到抖音能做什么？我们认为，在抖音原生内容与媒体属性中寻找最大公约数，是媒体抖音号需要解决的第一个问题。

不打无准备之仗。在梳理抖音平台高点赞内容后，我们选择从“正能量”这一和媒体属性最为接近且又在抖音平台受欢迎的标签入手，使其成为人民日报抖音号发布内容的主要调性，从而树立起了所谓“人设”。无论对于帅气的军人、敬业的消防员，还是平凡的快递员、为生活奋斗的中年人，我们都能够讲好这些平凡人的正能量故事。

第二，尊重平台，把握规律，自我进化。所有做过抖音运营的人可能都经历过这样的绝望和焦虑，基于神秘的个性化推荐机制和种种复杂的平台规则，相似的内容可能面对截然不同的命运。你自以为找到了一点规律，但下一条数据又让你陷入自我怀疑。我们和其他媒体同行交流过，他们的说法很形象——“不知道今天哪片云下雨”。

但是，当看不清规律的时候，就更要努力去学习规律。对每一条视频的内容、数据进行复盘，比对点赞量比我们高的同类型视频，搜集题材，摸索剪辑的规律，实现自我学习、自我进化。对于题材的选择、视频的时长、剪辑的方法、配乐的选择，多一点了解就意味多一点进步。

第三，讲好一个故事。说到底，抖音是一个讲故事的视频平台，一个有料、共情的故事，让人看着舒服、有共鸣是视频内容受欢迎的根本。想提升视频质量，讲好故事是关键。人民日报抖音号中，好的视频内容是怎样的呢?

首先是有格。

“友好不讨好，亲和不迎合，通俗不低俗”，这是人民日报新媒体创办时的口号，在人民日报抖音号的运营过程中，同样有这样的坚持和格调，不为流量和数据而迎合受众。

我们希望自己依然是抢新闻的。尽管抖音不是强新闻属性平台，但用户对重大新闻同样保持强烈关注，第一时间展现新闻现场是抖音平台的优势所在。如重庆万州坠江公交车被打捞出水时，人民日报抖音号运营团队快速剪辑现场鸣笛视频、车辆出水照片等素材。车辆于2019年10月31日23时28分被打捞出水，人民日报抖音账号在35分钟后即剪辑好并发布短视频《现场鸣笛致哀，愿逝者安息》。视频发布1小时左右，点赞量就突破100万，最终播放量超过9000万，点赞量有269万。该视频也为人民日报抖音号带来了60万以上单日粉丝增长量，成为粉丝快速增长的一个高峰。

我们希望自己是能传递政策声音的。对于将糖尿病等慢性病纳入医保、出入境证件可以异地通办等重大新政，我们都实现了视频转化，第一时间传递政策声音。

我们希望自己是有担当的，在重大新闻中，早研判，快切入，敢发声。在中美贸易战、香港修例风波等事件中，我们也第一时间发布相关视频，展现官方态度。

我们希望自己是有力量的。在2018年11月美国加州山火报道中，我们将美国山火与2018年6月大兴安岭山火救援进行对比剪辑并配以文字内容发布——《灾难面前，好莱坞的超级英雄终究没有出现。哪有什么岁月静好，只因生在中国，总有人为你赴汤蹈火》，这展现了中国高效强大的应急救援能力，引起网友共鸣，点赞量超过120万。

这些短视频题材都很硬，抖音平台上并不常见，但这是人民日报抖音号该做的，数据也证明，这些也是被网友接受的。所以，没有不受欢迎的视频，只有没做好的视频。不要一味迁就流量，还是要守住媒体的底线。

其次是有品。

给视频做减法，告别“大而全”，以瞬间讲故事。受抖音平台短视频的时长所限，注定无法宏大叙事，于是我们把最精华的内容在最短时间内充分展示。从大量视频素材中，寻找最精彩、情绪最饱满的片段进行剪辑。

相应地，给视频做加法，以求单位时间内的信息饱和度最大。我们所理解的短视频之“短”，不是指绝对的长度，而是单位时间内信息的含量。好的短视频要求的绝不仅是绝对时长短，而是强调在短时间内尽可能多地传递信息，要求视频有冲击力，能第一时间吸引眼球、抓住用户，要求的是短时间、高浓缩地讲故事。

在排雷英雄杜富国的视频处理中，我们采用了“视频+图片资料”竖屏叠加的方式，中心区域为杜富国受伤、被抢救的视频，上下分别辅以杜富国受伤前、在医院治疗时等多场景图片，在视觉上给人以冲击力，同时交代了人物的完整故事。该视频点赞量超过130万，引发了用户向英雄的集体致敬浪潮。在科技题材中，让单位时间内的信息量尽量大就显得更为重要。用户往往是看热闹但看不懂门道，让用户“知其所以然”是传播的关键。如在“嫦娥四号”发射报道中，我们考虑到，对普通网友来说，最好奇的是“嫦娥四号”发射的任务和意义是什么、厉害究竟在哪里，而非简单地感受发射瞬间的震撼。因此我们选择以“模拟动画+画外音”的讲述形式，讲清楚“嫦娥四号”此行的任务、去月球背面的意义等关键问题，以《你不知道，嫦娥此行对人类有多重要》为标题进行发布，并最终在同题视频中点赞量最高。

再次是有情。

说到底，所有传播都依靠情绪，无论是泪点、笑点还是槽点，每一条视频背后都一定有想传递的感情。无论是台风“山竹”中逆袭的人还是工作到最后一刻的林俊德院士，无论是水陆两栖飞机首飞的激动还是“嫦娥”落月的骄傲，无论是家长辅导孩子做作业的无奈还是老师带学生跳鬼步舞的活力，每一条视频的背后都由尽可能饱和的情感浓度支撑着。我们希望网友能跟我们一起哭、一起笑，在这样的共情中，致敬英雄，为辛苦奋斗的我们自己点赞，成为某种精神力量；对社会的不良风气，一起愤怒、一起思考，进而形成某种改进的动力。

网友也的确给了我们很好的反馈。我们后台会收到很多网友的留言：“刷人民日报抖音刷到热泪盈眶，假如这辈子能为祖国做一些微小的贡献也死而无憾了”“把人民日报的抖音从头到尾看了一遍，超燃超感动，致敬每一位英雄”。

每次收到这样的反馈，我们都很感动，这也成为我们坚持和努力的重要动力。

最后是有趣。

提升视频趣味性，让有意义的视频有意思。内容选择上，抖音用户观看短视频是希望看到有趣的内容，以他们熟悉的方式进行视频剪辑、处理，在保证内容品味的同时实现与平台属性的对接，让有意义的内容有意思甚至带一点点魔性，这对传播也至关重要。国防部最后一次新闻发布会上发言人念出了获奖网友的ID（账号），人民日报抖音号也以字幕方式进行剪辑。这种内容与一贯严肃的军人形象形成了反差，因而获得网友的一致好评。

这其中还必须提到配乐的重要性。配乐是抖音视频很重要的一个加分项，使用目前最火、最流行的配乐，让网友觉得你是了解他们的、是和他们在一起的，这种亲近感和队友感很重要。

从人民日报抖音号20个月来的运营经验来看，以抖音、快手等为代表的短视频平台，是主流媒体应该发声也能够发声的平台。而伴随5G时代的到来，短视频和移动直播必然会迎来新一轮发展机遇，如何进行新技术下的传播形式和传播特点的调整，是我们需要思考和探索的新课题。对短视频“短”的理解是否需要重新调整？时长是注意力和传播力的掣肘因素吗？如何利用技术手段创新，让移动直播真正全方位、全过程展示新闻现场？如何充分利用移动直播这样丰富的一次采集素材池，利用短视频传播实现多平台、全矩阵二次传播？这些问题，都等待着通过新的实践去寻找新的答案。

（演讲者苗苗，人民日报社新媒体中心办公室主任）

“案例分析

混合情感传播模式：主流媒体短视频内容生产研究

——以人民日报抖音号为例

引言

在媒体加速社交化和移动化的趋势下，曾掌握传播话语权的主流媒体逐渐面临机构媒体、平台媒体、自媒体等社会化新闻生产新行动者的竞争与挑战。以此为背景，主流媒体在社交媒体时代积极探索、适应和寻求改变，逐渐创新其内容生产的形态，延伸其内容传播的渠道。

移动互联网的发展为短视频应用生产内容急剧增长和扩张提供了契机。有报告指出，2018年，79%中国移动互联网网民通过短视频获取新闻资讯，88%中国互联网用户使用短视频进行社交，使用短视频正成为越来越多中国网民的一种新的互联网生活方式。短视频的急速发展和巨大潜力，为主流媒体提升其影响力提供新的“风口”。为此，各大主流媒体开始以入驻短视频平台或推出专门短视频移动产品的形式进行布局和实践。

2016年9月，抖音短视频上线，并经过两年多的发展成为日活跃用户规模最大、国际化进程最快的短视频平台媒体。《2018年抖音大数据报告》显示，截至2018年12月，抖音国内日活跃用户量突破2.5亿，月活跃用户量突破5亿。2017年3月开始，主流媒体纷纷入驻抖音。截至2018年12月，共有1344个媒体号入驻抖音，发布了超过15.2万个短视频，累计获赞数超过26亿。人民日报从2018年9月入驻抖音平台，截至2019年6月5日，其抖音号的粉丝数已经超2500万，总获赞数为6.2亿。有研究通过“发布指数”“播放指数”“关注及互动指数”3个指标对媒体抖音号影响力进行评估，结果显示，人民日报以总分1271分位列媒体抖音号榜首，榜单前五名还有湖南卫视“快乐大本营”、CCTV“国家记忆”、人民网、新华社“现场云”。在2019年5月媒体抖音号月榜（总榜Top50）和粉丝榜（Top20）中，人民日报抖音号以1000的综合指数和255万涨粉数位列双榜第一。以抖音、快手为代表的短视频平台逐渐成为主流媒体视觉内容生产与传播的主渠道。有学者认为，主流媒体通过范式修正（paradigm repair）和建立新的运作常规来回应新媒体的挑战和冲击，新的媒介生态和社会传播环境促使党媒进行新闻生产常规的改变。为此，有必要对主流媒体在短视频平台上的内容生产和传播模式变化进行研究。

有研究者通过研究美国报纸报道模式的流变，总结出信息模式、政论模式、故事模式和解读模式四种主要模式，并认为身兼公共性与商业性的本质属性及其矛盾张力是美国报纸报道模式流变的深层根源。信息模式是主要在新闻生产中客观呈现作为信息的新闻；在政论模式下，报纸是“喉舌”，主要以传播政治言论为主要目的；故事模式强调以戏剧化的方式描写生活中吸引人的事件；解读模式是运用背景材料来分析新闻事件发生的原因，说明其影响、意义，或者预示其发展趋势的报道模式。

针对中国传统媒体的新闻报道模式，有研究者通过分析人民日报、中国青年报、南方都市报、新民晚报、成都商报共五家媒体2012—2013年这两年间的新闻报道内容，发现机关媒体倾向于喉舌模式（loyal-facilitator model）和煽情模式（infotainment model）。还有学者通过分析人民日报微博上关于拆迁和农民工议题的表现，发现在社交媒体时代，主流媒体在坚持宣传主义范式的基础上，出现了与煽情主义范式相杂糅的趋势，表现出一种混合报道模式的特征。

还有学者认为，对新闻业的传统认知总是奠定在理性—情感、信息—娱乐的二元基础上，情感往往被应用于商业化或市井新闻的语境，意味着娱乐和煽情。但是，情感在公共生活中的负面形象越来越遭到挑战和反思，因此，有学者认为有必要打破“情感—理性”对立的笛卡尔式的二元逻辑来对新闻业实践进行讨论。实际上，在以往的新闻实践中，在报道中加入情感元素以唤起公众情感共鸣已成为一种新闻叙事方式。外国学者Wahl-Jorgensen通过分析普利策新闻奖获奖作品中的情感策略，提出了

“情感性的策略仪式”（the strategic ritual of emotionality）这一概念。他提出，叙述情感的新闻实践已经制度化和系统化了，报道的客观性和新闻故事的情感化并不冲突。

新闻的叙事能够激励或控制情感的反应，报道叙事通过强调某些情感来激励大众的情感反应，并避免出现另外一些反应。主流媒体的报道作为一种情感沟通机制，在很大程度上决定了什么样的情感能够进入公共空间，进而影响了公众以什么样的情感进行交往。另外，有研究者通过分析人民日报新媒体中心移动内容产品的生产，进一步以“情感传播”模式来加以概括，认为在媒体融合时代，主流媒体倾向于以情感为突破口，将新技术与宣传报道相融合，采取情感传播模式在多元传播主体共存的舆论场中“重夺麦克风”。

那么，在面对新媒体技术的冲击和新闻场域中多行动者竞争的压力下，主流媒体在短视频平台上正在形成怎样的内容生产模式？这种模式中的情感传播，与主流媒体在微博、微信等平台上的情感传播有何异同？主流媒体在视觉化内容生产中情感的传播效果如何？本文以人民日报抖音号为例，试图通过对其短视频内容的分析，概括其报道内容和题材类型的特征，继续探讨其内容生产模式的新变化，最后分析其传播效果和影响因素。

主流媒体短视频视觉内容生产

短视频“长度以秒计数，主要依托于移动智能终端实现快速拍摄和美化编辑，可在社交媒体平台上实时分享和无缝对接”，但并没有绝对的时长标准。各大短视频平台对用户上传视频的时长限制一般有15秒、30秒、1分钟、3分钟、5分钟等，对短视频时长的理解一般为15秒到5分钟。也有业内人士进行了更具体的划分，提出了“短视频”“超短视频”“小视频”的区别，时长分别为3—10分钟、1—3分钟、15秒内。本文以截至2019年5月获取的400余条人民日报抖音号短视频作品为研究对象，从报道内容和题材类型、表现形态和叙事特征等方面进行内容生产特点的分析。

（一）报道内容和题材类型

抖音平台拥有大数据、算法分发等新传播技术，平台生活化、娱乐化、年轻化特征明显。为适应平台特征，人民日报抖音号的内容生产，在题材选择和内容呈现上新闻属性弱化、内容属性增强的趋势，更加注重“产品策划”思维。通过对人民日报400余条短视频作品的初步分析，发现人民日报抖音号的主要题材可分为主题人物、政论观点、热点事件和温情故事四类。

1. 主题人物

人民日报抖音号的主题故事作品多以人为核心，通过讲述不同人的故事，烘托主题。其中，人民警察、边防士兵、消防官兵、海陆空军、退役军人等中国军人形象是最常出现的人物形象之一。再者是平凡百姓中的市井人物，以及各行业的领军人物。虽然针对不同主题，人物选择上会呈现出一定差别，但其呈现人物故事的内核相对一致：聚焦于个人层面，以场景化的形式呈现独特的生活体验和情感表达。

值得一提的是，主题性策划在节日庆典或国家重大事件的传播中效果显著。例如，建军70周年纪念系列短视频之一《人民海军生日快乐！重温2009国庆阅兵海军方队的风采》，以及“南京大屠杀纪念日”系列短视频等，以国家重大节日或纪念日为主题的短视频都获得较多点赞量。人民日报善于把握这些特殊时间节点，用具有视觉冲击力的短视频，充分调动用户的结构性情感。

主题人物类短视频，特别关注对人物形象的刻画和对人物故事的叙述。尤其是主题性短片，或回顾个人事迹，或追溯历史事件，选取典型的历史人物讲述故事，在内容表现上体现出人文主义精神。可见，基于抖音平台上年轻、轻松的氛围，主流媒体意识到，展示普通人的生活故事和关注青年人的青春故事，更容易激发年轻网民的情感共鸣。

2. 政论观点

有研究发现，党媒在社交媒体上倾向于对官方话语进行选择性的摘录和有重点的解读。人民日报抖音号为了让年轻网民群体了解党的最新方针和政策、国家领导人的最新讲话，凭借其独特的政治资源和内容优势，大量引用国家领导人或部委领导的讲话片段，以政论观点类短视频作品传播主流价值观（见表1-2-1）。

表1-2-1　人民日报抖音号点赞量前五的政论观点类短视频

短视频作品标题	时长/秒	点赞数/万次	评论量/万条	分享量/万次
"河海不择细流，故能就其深"，如果人为阻断江河的流入，再大的海迟早都有干涸的一天。习近平主席的演讲，震撼人心！	35	9620	10.1	35
好消息！高血压、糖尿病等慢性病用药50%纳入报销。没有健康就没有幸福，总理的话，暖心、给力！	32	860	10	93.8
好消息！"两年内基本取消全国高速公路省界收费站"，总理话音未落，现场掌声雷动！	15	494	10	81.2
习近平：祖国必须统一，也必然统一。《告台湾同胞书》发表40周年纪念会上一席话，掷地有声	17	267	7	14.7
大海依旧在那儿！中国将永远在这儿！习近平主席在进博会开幕式上发表主旨演讲。一席话，掷地有声！#神奇的进博会	58	242	6.3	15.3

通过在抖音上以特写镜头"近距离"展现国家主席、国务院总理、各政府部门发言人等的现场讲话，领导人的权威形象中增加了亲和力，其政论观点也淡化了宣传色彩，强化了权威力量，直接切中年轻一代关注的国家实力、宏观政策、外交方针、社会民生等重大议题，进而增强他们的国家认同感和民族自豪感。

3. 热点事件

通过分析发现，人民日报抖音号对社会热点事件进行及时现场报道或追踪报道的短视频，获赞量普遍较高，说明新闻时效性和现场感仍然是主流媒体抖音作品的重要特点，快速报道和权威解读的能力是其传统新闻竞争力在短视频平台上的延续（见表1–2–2）。

表1-2-2　人民日报抖音号点赞量前五社会热点类短视频

短视频作品标题	时长/秒	点赞数/万次	评论量/万条	分享量/万次
奔驰维权女车主：很害怕做了错误示范。拒绝以“同情”为理由的退款或退车	55	542	10	8
密切关注！深圳暴雨已致7人遇难，4人失踪！搜救仍在继续。平安！	10	410	8.8	16.5
死刑！“滴滴顺风车司机杀人案”一审宣判。罪有应得！也愿姑娘安息	23	366	7.1	9
重庆公交车坠江原因公布：乘客因坐过站，后与司机激烈争执互殴致车辆失控。15个生命瞬间消逝，心痛……	10	275	7	30.1
孟晚舟女士获得保释。在回答中国记者相关提问时，美国国务院副发言人帕拉迪诺如是说	35	235	6.2	5.8

人民日报具有的政治资源和媒体资源优势，可以帮助其抓到社会热点题材、拿到独家现场信息，用短视频的方式第一时间呈现重大事件的核心现场。如《重庆公交车坠江原因公布：乘客因坐过站，后与司机激烈争执互殴致车辆失控。15个生命瞬间消逝，心痛……》这个短视频，及时澄清了重庆公交坠江原因，用黑匣子视频还原事件现场，吸引了公众的高度关注。主流媒体在重大新闻事件中及时传播真相、传达声音，有利于增强媒介公信力和权威性。

4. 温情故事

主流媒体肩负着传播优秀文化、弘扬社会正能量的使命，温情故事是人民日报抖音号的重要内容。这些记录生活中点滴真情、温馨感人事件的短视频，很容易获得网友的关注和转发。在点赞、评论和分享的三个指标中，温情故事类短视频作品比例都很高，比如危难中救助他人的短视频常常获得上千万点赞。作品《男孩落水被冲走，民警开车狂追。生死关头，车没停稳，民警冲下车不顾一切跳下去救人。记住这些为你拼命的叔叔啊！》《孩子别怕，叔叔的安全帽给你戴，叔叔拼了命，也会把你救出去！没什么可说的，致敬！》等，点赞量和分享量都排在前列。这些令人感动的瞬间，激发大批用户的强烈共情。积极向上、温暖人心的内容是“最大公约数”，也是主流媒体进行短视频内容创作的价值所在。

传统媒体的宣传模式，其内容风格相对比较严肃，新媒体环境下，主流媒体逐渐跳脱出以往的宏大叙事，更加重视个体话语表达和平民叙事视角。比如，同样是表达对中国军人保家卫国精神的赞美，人民日报的报道主要采取通讯等题材进行相对全景的先进事迹报道，而人民日报抖音号则主要选取军人与孩子、妻子等短暂相聚的点滴瞬间，以此在细腻情感传播中折射英雄气概。

（二）表达形态和叙事特征

1. 碎片化叙事

受短视频时长所限，人民日报抖音号的内容呈现出碎片化的形态特点。所谓“碎片化”，最早出现在后现代主义的相关理论中，意为零散的、片段的、不完整的。“碎片化”的概念形象化地描述传统社会向现代社会过渡中出现的一些新的社会现象，也有学者认为这个概念是描述当前中国转型社会的形象说法。社会转型时期，个体在市场上加速流动，传统社会关系网络被打破，社会的个体化和原子化趋势也决定了群体意见的碎片化，但“中国历来是一个重视人情和情感的社会，至少对于情感支持抱着特定的期待”，因此，情感是原子化的个体之间的纽带。伴随媒介的加速发展，“碎片化”概念由社会领域进入了传播领域。有学者指出，移动互联网传播格局下，碎片化传播某种程度上代表着传播模式的变革，其主要体现在两个层面：一是事实性信息传播的碎片化，即传播的信息文本的零散性和信息要素的不完整性；二是意见性信息传播的碎片化，重点在意见的异质性和分裂性上。

抖音短视频内容的碎片化，包含内容和形式两个层面。一方面，抖音短视频内容既有信息文本的碎片化，也有意见或观点的碎片化；另一方面，抖音短视频作品整体内容短小精悍、画面融合背景音乐、注重特写镜头的展现，形成视觉形式的碎片化。此外，基于抖音的内容智能聚合和个性化分发机制，又兼具社交分发的碎片化。因此，这种形式兼具题材碎片化、形式碎片化、分发碎片化。

据艾瑞咨询《2017年中国短视频行业研究报告》称，短视频不只是长视频的缩短，而是碎片化时代新内容消费习惯的体现。短视频有社交属性强、创作门槛低、观看时长和场景便捷等特征，更加符合移动互联网时代的碎片化内容消费习惯。人民日报抖音号的短视频生产，通过一个15—40秒的短视频作品呈现事件的核心信息。相对于长视频来说，其对故事的完整阐述必然是不足的。但正是这种传播形态碎片化的处理方式，才符合抖音平台的技术特性和传播规律，才能在最短时间内获取用户关注。

2. 场景化聚焦

“场景”的概念原本经常运用在影视领域，指在某个特定时间和空间内发生的行为，或指人物活动的某种场合与环境。与PC时代的互联网传播相比，在移动时代，场景的意义大大强化，用户在移动场景中活动的特点是时间的碎片化、情境和空间的快速切换。

电视直播在视觉效果制造出现场感，但观众与现场的关系不只是基于二维画面的观看，还存在事件发生现场与电视节目制作播出之间在时间序列上的距离。人民日报抖音号作品的场景化聚焦，创造了用户与事件现场的新关系，即放大现场的局部特写，通过使用强化情绪的背景音乐，加上短小精悍的表达结构，比传统电视直播更容易将用户快速带进现场，而且频繁使用现场同期声，借助大字幕来强化核心信息，通过扑面而来的精彩瞬间增强用户身临其境的零距离感。

就题材来说，人民日报抖音号发布的场景化内容多是国家外交活动、纪念日重大仪式以及公安机关现场抓捕行动等（见表1-2-3）。

表1-2-3　人民日报抖音号场景化聚焦的部分作品

短视频作品标题	时长/秒	点赞量/万次	评论量/万条	分享量/万次
历史性访问！摩纳哥首次迎来中国国家元首。欢迎仪式上，奏响中摩两国国歌。异国他乡听到国歌总是格外激动！	28	4526	10.1	17
进入两会时间！习近平等出席全国政协十三届二次会议开幕会，感受现场！	19	327	7.1	10.3

（续表）

短视频作品标题	时长/秒	点赞量/万次	评论量/万条	分享量/万次
1月8日，习近平同朝鲜劳动党委员长金正恩举行会谈。会谈前在人民大会堂北大厅举行欢迎仪式。来看现场视频！	16	124	2.5	2.3
“谁还有铐子？”抓捕现场视频曝光！辽宁两名重刑犯越狱，今日终落网！	10	26.6	0.55	0.41
高清视频！看嫦娥四号落月那一刻！中国航天的这一步，也迈出了人类的一大步！为中国航天人点赞！	20	19.8	0.41	0.18

3. 情感化表达

有学者认为，情感传播基于常见的某些情境、特定主题和叙事模式，激发个体和集体情感，引起情感共鸣，加剧情感张力，从而推动网络舆论的发展。人民日报抖音号短视频作品的情感化表达不仅体现在内容本身具有的情感元素，也体现在背景音乐与内容在情感上的相互促进，而其激发的情感多侧重强烈的爱国主义、英雄主义和人本主义情怀。

体现爱国主义和英雄主义情感的作品主要是回忆战友、致敬英雄、展现国家仪式等题材。如短视频作品《2次战斗英雄、1次特等功、3次一等功，可回忆起战友，95岁的张富清满眼泪水。您一哽咽，我们也忍不住心疼……致敬！》《妈妈，穿上军装我有两个母亲，一个是您，一个是祖国。哪有什么岁月静好，只是有人以团圆甚至牺牲为我们守护。致敬！》《祖国派军舰来接你们回家！这是真实的“红海行动”。记住：危急时刻，祖国永远在你身后！》等都获得几百万点赞量。

体现人本主义情怀的题材则主要包括两个方面：一是在灾难报道中对生命的尊重、关爱，对不屈精神的赞美、弘扬；二是对底层人物的生存状况的关心、对小人物命运的同情。比如《木里，终于下雨了……希望不要再有复燃，希望不要再有山火引起的伤亡，希望……》《密切关注！深圳暴雨已致7人遇难，4人失踪！搜救仍在继续。平安！》《90后独臂小伙靠搬砖养家：我活着就要坚强地活着。愿生活善待每一个坚强的人！》等作品，表达出对平凡人点滴生活的关注，激发人们对底层群体的关切。

背景音乐在短视频的情感化表达中发挥着关键作用。抖音平台提供的海量音乐素材库，可以满足多数短视频的配音需要，音乐情感渲染效果和短视频的视觉冲击效果相结合，能够使情感化表达效果最大化地实现。值得肯定的是，人民日报抖音号作品的背景音乐使用与其传播内容的主题高度契合。比如，在致敬英雄题材作品中，背景音乐多庄严肃穆，烘托其家国情怀；在救援或抢险救灾类现场题材中，背景音乐更加动感激昂，以营造紧张氛围；在记录平凡人生活的现实题材中，背景音乐比较舒缓温情。

混合情感传播模式：主流媒体短视频内容生产的新特征

通过对人民日报抖音号短视频作品的内容进行分析可以发现，其内容生产仍然保留了传统媒体信息模式、故事模式和政论模式等报道模式，并在对社交化、移动化的信息传播环境和抖音新技术平台的充分适应过程中强化了其内容生产的情感模式。碎片化的视觉表达和情感化的传播形态，凸显政治和符号资本优势，正逐渐形成其内容生产的混合情感传播模式。

这种新的混合情感传播模式的主要特征，是以情感传播为外在驱动和影响诉求，以政论模式、信息模式、故事模式等为内在构成和信息要素，代表着中国主流媒体在新闻生产常规上正在进行的转变。以人民日报为代表的党媒内容生产的价值导向仍然是宣传主义，但这种宣传功能正在新内容生产模式的实践中体现新的特征和形态。

（一）总体特征

有研究者基于国外社交媒体平台Twitter上的政治传播分析发现，具备明显情绪表达和情感倾向的内容更容易获得用户关注度和参与度。在国内社交媒体构成的融合媒体环境下，党媒的内容生产和产品策划也出现情感化趋势，运用情感传播策略，尝试打破严肃刻板的媒体形象，以此重塑舆论引导力。

与以往信息模式、故事模式和政论模式相比，主流媒体短视频内容生产表现出的情感传播模式，更具有碎片化的特征。如上文所述，除了对阅兵、“两会”等典型官方活动的报道外，人民日报抖音号不少内容跳脱出了“国家—民族”的宏大报道框架，更加聚焦使用“个体—场景”的微观内容框架。这具体体现为更加青睐社会上的普通人，尤其关注社会弱势群体，用或励志或温情或感人的方式讲述诸多残障人士、快递员、外卖员等小人物的励志故事（见表1–2–4）。

表1-2-4　人民日报抖音号讲述平凡人故事的部分作品

短视频作品标题	时长/秒	点赞量/万次	评论量/万条	分享量/万次
姑娘，你努力的样子真美！总会有一些人会让你觉得，再艰难也该坚持。加油生活啊！	19	1709	10.1	21.2
男子陪客户喝酒醉倒地铁站，民警一直守护安慰。妻子赶到，他突然失控，“我没有用……”生活不易，都懂……	43	763	10.0	37.9
列车员母亲狂奔就为了看看武警儿子。再辛苦，只要能看你一眼，知道你好，就够了！这就是母亲！	28	401	8.7	2.1
“我妈妈是外卖配送员，可她也是我们的小公主”，男孩一番告白，懂事得让人想哭……给辛苦工作的人多些尊重和善意！	23	334	7.1	13.2
90后独臂小伙靠搬砖养家：我活着就要坚强地活着。愿生活善待每一个坚强的人！	14	279	7.0	2.9

（二）影响因素

社交化、移动化、场景化的新闻消费方式的变革，使得情感传播策略在新闻生产和消费中正成为重要动力，主流媒体的混合情感传播模式的生成主要受到三方面因素的影响。

首先是新的影响力竞争和传播格局。在新媒体环境下，主流媒体与机构媒体、自媒体等新行动者角逐于用户的注意力市场，各主体竞争激烈，更加强调内容产品的持续创新。其次是主流媒体对社交化产品传播效果和数据反馈的注重。在信息内容碎片化、娱乐化的抖音平台上，情感因素的注入有助于吸引和留住用户的注意力，并激发其评论、转发和点赞，从而以透明性的数据来佐证主流媒体内容产品传播力的效果。最后，在日益有限、碎片化的注意力内，用户往往更易产生情感的共鸣，而不是对理念或事实做出反应。因此，采用情感模式更加容易满足用户的信息、娱乐和消费需求。

面对移动互联网等新媒体的冲击，人民日报内容生产的技术性调适不仅是“新”与“旧”的叠加，更是在移动化、智能化、社交化的新媒体环境下实现技术与价值的对接。这种应变意识和能动自觉，直接反映在内容产品形态对移动终端信息传播规律的把握上，一定程度上，移动终端用户信息消费场景的不确定性决定了其对信息需求的碎片化，但专业新闻机构的内容生产又不能全盘碎片化。

传统媒体大众传播的新闻生产范式，是建立在线性序列时间和静止空间的基础之上的。抖音平台模糊了时空边界，重组了时空结构，在这个平台上展开内容生产，必须改造传统新闻生产的模式和架构。人民日报在抖音上的内容生产，扮演的是内容供应商的角色，在乎的不是传播主导权而是网络影响力和舆论引导力。抖音短视频的推荐和分发首先以附近和关注为主，再配合用户标签和内容标签的匹配度进行智能分发，从这个角度看，人民日报无法扮演分发环节的“把关人”角色。但是，点赞、评论、转发等数据构成的超级流量——截至2019年5月人民日报抖音号拥有粉丝2352万，可充分说明其内容的吸引力和关注度。

（三）资源整合

在新传播环境下，传统媒体与新兴媒体通过技术合作、授予权限、战略联盟等方式进行的结合，都是媒体组织进行内部资源与外部资源整合的创新尝试。有学者认为，这些尝试无论是在创新主体数量上，还是创新内容范围上，都还未形成开放式创新范式的完全转换。

党媒不断寻求其与互联网平台媒体的资源整合，主要利用其政治资本、技术资本和文化资本，在融合媒介环境下寻求其媒体内容传播全方位的支持。与传统媒体相比，互联网平台具有海量用户、精准触达、实时更新、多终端覆盖等优势，能为其提供提高传播力和舆论引导力的超级用户平台。人民日报的权威性、关注度和影响力是其特殊的政治资本和符号资本。比如，通过剪辑领导人讲话片段和领导人出席重大仪式等事件的内容，就能迅速产出多条“直击现场”短视频，形成具有时效性的强大传播力。

技术资本上，抖音平台会对人民日报这样的头部用户在流量推广、粉丝推广、内容推广上进行一定的倾斜和支持。除外部支持，人民日报会在其与互联网平台合作过程中，强化技术采纳的自觉性和敏锐意识。实际上，人民日报抖音号短视频素材在很大程度上并不依赖人民日报自身的采编队伍，其优势在于充分发挥各类优质资源的判断能力和众包化生产的整合能力。比如，快速从基层政府、企事业单位和地方媒体拿到独家新闻素材和内容资源。如前文所述，在重庆公交坠江事件中，人民日报第一时间拿到黑匣子视频资料，运用短视频迅速还原事件真相。

（四）传播效果

从微博到微信，再到抖音平台，人民日报始终保持主流媒体网络传播力的第一名。人民日报抖音号从2018年9月开通至今，粉丝数超过2500万，点赞量6.2亿。视觉形态的探索、正面情绪的放大、情感传播模式的运用，使其短视频内容的完播率和点赞量不断提高，也不断累积符合人民日报品牌调性的爆款内容。

2019年4月23日是中国人民海军建军70周年，抖音发起了“人民海军70周年”的话题内容，人民日报抖音号团队凭借其短视频素材选取和剪辑能力，从多部海军纪录片中摘取最为精彩的阅兵镜头，在保持叙述的完整性和连贯性基础上，通过背景音乐鼓点与阅兵步伐的结合，制作出的这条短视频作品播放量近2亿，点赞量超过1300万。

需要指出的是，人民日报抖音号使用混合情感传播模式，尽管对吸引用户关注、激发情感共鸣有明显作用，但碎片化的内容形态和分发机制仍然制约着更深层价值的有效传递。而且，要在短期情感激发的基础上实现长期的情感共鸣还需要进一步探索可实现的传播新方式。

结语：主流媒体混合情感传播模式的发展趋势

以人民日报为代表的主流媒体不断调适自身内容生产和传播模式，以适应新媒体技术和新传播环境的挑战。一方面，通过进驻微博、微信、抖音等平台媒体来增强渠道覆盖面和舆论引导力；另一方面，也通过建设自己的中英文新闻客户端来积累用户，打造自主的移动新媒体平台。纵观人民日报微博、微信和抖音号的内容生产，可以预测，主流媒体的混合情感传播模式将更加凸显。

目前，“@人民日报”微博拥有粉丝量8920万，发博文的数量超过10万篇，功能主要体现为权威声音的及时传达、重大政策的简易解读、快速贴心的公共沟通，而且也表现出明显的情感化传播倾向。有研究认为，“@人民日报”微博的建立是新媒体对传统主流媒体体系造成冲击和传播失灵之后的一种反应性机制，其内容生产逐渐改变了原有的传播范式，通过积极沟通和即时回应民意，重新争取公众的关注。在此过程中，情感激发和正义表达的结合是其话语转变策略的显著特征之一。还有研究选取“@人民日报”微博新闻评论栏目《你好，明天》和《微评论》为对象进行话语分析，认为相比其报纸的新闻报道风格，“@人民日报”评论式新闻的语言更接地气，更具人情味。特别是其在论证过程中将“诉诸逻辑”和“诉诸情感”结合，用立场鲜明、情感充沛、富于感染力的语言增强与网民的情感共鸣。

人民日报微信公众号以“参与，沟通，记录时代”为口号，也试图改变官方媒体的严肃传统，表现出灵活、亲民的风格。不过，与微博不同的是，微信公众号形成了层级化的矩阵格局，可以通过分类、分层的内容资讯品牌群，针对分散化的用户群体、差异化的用户需求进行内容深耕和垂直分发。人民日报微信公众号以转载人民日报报纸内容或新华社、中央电视台等官方媒体的优质内容为主。内容主要涉及三类：国家大事、领导人活动，反腐、三大攻坚战等社会题材，亲情、友情、爱情等正能量情感内容。

如何不断适应新技术并寻求主题表达、技术呈现的平衡是主流媒体内容生产变革的机遇和挑战。通过对人民日报抖音号的内容分析，我们认为，混合情感传播模式是以人民日报为代表的主流媒体在移动化、社交化、视觉化平台上内容生产的主导传播模式。在坚持宣传主流意识形态和主流价值观的基础上，以情感模式为内核，整合运用信息模式、政论模式、故事模式，将成为主流媒体甚至专业媒体普遍的内容生产模式。

混合情感传播模式确实能吸引关注、增长粉丝，提升党媒内容产品的网络影响力。这种传播模式在“入眼、入耳”传播效果之外，能否有效转化为网民对国家、政党、体制的深层认同，进而实现“入脑、入心”的传播效果，还有待考察和观望。

有学者认为，情感具有公共性，对情感的研究应当将其放在公共领域的研究脉络之中，关注情感、公众、公共领域之间的关系。目前，我国社会结构和公共领域中存在着诸多不平衡现象，诸如社会矛盾尖锐，贫富差距加大，部分群体心理失衡，网络舆论空间中仇富、仇官等社会情感蔓延等。未来，针对主流媒体内容生产模式的研究，有必要再深入探究诸如爱国主义、民族主义等情感策略的使用，会如何塑造公众之间的交往关系，公众又如何通过情感传播的影响与国家意志、主流意识形态之间进行互动。这些深层问题的探讨，将会丰富社会转型期和主流媒体数字化进程中的数字新闻业研究和政治传播研究。

（作者张志安，中山大学传播与设计学院教授；彭璐，中山大学传播与设计学院18级新闻传播学硕士研究生）

专家点评

传统媒体的领头羊　新兴媒介的急先锋

人民日报抖音号是近年来飞速成长起来的新兴传播平台，跟众多传统主流媒体的新媒体平台一样，在5G技术、短视频、移动直播等多个“风口”聚集的今天，经历了媒介融合、观念创新、平台再造、用户重构等一系列裂变，不仅是媒介生态变迁带来的生存方式的变化，还是传统主流媒体创造力、影响力的延伸。

人民日报抖音号跟其他抖音号的区别之处不仅在于以党中央机关报的影响力来开拓创新，还在于以更新、更快、更潮的方式赢得全新的受众群体。这与其准确而极具差异化的目标定位密切相关。人民日报抖音号一开始就选择从“正能量”这一和媒体属性最接近且在平台受欢迎的标签入手，成为其发布内容的主要格调，为自己找到了“人设”。那就是真正能够懂青年、懂新时代新媒体内容的特定呈现方式，做到友好不讨好，亲和不迎合，通俗不低俗。

由此来看，人民日报抖音号不是纯粹的开拓新领域，而是把握住人民日报的传统优势，发挥其对于时政热点、主流舆论的引导力与传播力，坚持关注时政新闻和社会热点，做到面对重大新闻，早研判，快切入，敢发声。在平台与受众需求同样多元化的新媒体时代，人民日报抖音号迅速形成了独特的生产力、吸引力和影响力。

人民日报抖音号的成功尝试为全国各省市的党报提供了很好的融合发展与平台创新模板，究其根本还是在于人，在于新媒体运营团队的创造力。人民日报新媒体中心创立以来的很多现象级产品都产自人民日报新媒体团队。因此，在找准定位、把握规律、嵌入技术的前提下，要想讲好故事，关键还是在于人。

（作者侯迎忠，广东外语外贸大学新闻与传播学院院长、教授，广州国际城市创新传播研究中心主任）

02 新华网融媒体未来研究院

移动互联网、物联网、大数据、人工智能、VR、AR（增强现实）等技术，正在推动新一轮传媒业生态重构。万物都可能变成媒体，像新华网等央媒要实现融合转型，紧靠“两微一端一抖”平台运营是不够的，还需要一定的技术。新华网融媒体未来研究院就是致力于传媒融合发展模式及技术、产品研发的智力研究机构，它围绕传感与人工智能技术及大数据、物联网应用，开展新产学研深度融合，让新华网在人机融合的新时代阔步前行。

主题演讲

人机融合智能与传媒转型探索

今天我们前所未有地重视媒体融合和转型发展。为什么传统媒体会遇到那么多挑战？最主要的原因是失去了与用户的连接。新媒体颠覆了传统媒体，新技术不断出现，媒体还会不断迭代。很多高校现在仍然把“两微一端”（微博、微信、客户端）的运营作为学生实战能力培养的重要目标，而同时，一些地方开始让自己的微信公众号（特别是政务公众号）停止运营，因为出现了“产能过剩”，虽然表面上有那么多公众号被运营出来，实际上却没有多少人看。

现在，微信、微博、今日头条这些平台都很有危机感，所以它们需要不断推出抖音、西瓜视频等新产品，它们担心有一天会被淘汰、被超越。如果主流媒体还把自己转型发展的希望完全寄托在这些平台上，认为融媒体、转型就是做“两微一端一抖”，那么就和技术发展、行业发展的趋势是相违背的。媒体几百年来的发展就是跟着别人走，技术是别人的，别人走到第二代了，我们才开始学习第一代，总是这样亦步亦趋。在今天这个时代，这种状况需要一些改变。

技术与媒体发展的趋势

近年来，中央越来越重视媒体的技术进步。特别是2019年1月25日，中央政治局到人民日报社进行集体学习。习近平总书记提出，要探索把人工智能技术运用到新闻的采集、生产、分发、接收和反馈上。以前我们只是强调了其中的某些环节，比如分发、采集，但是这一次很明确地覆盖了传播的所有环节，可见从中央顶层设计开始，重视程度也大不一样了。

媒体领域有一些重要的发展变化应该引起重视。比如新闻生产领域，今日头条的头条实验室通过大数据揭示每天的热点，告诉它的头条号作者今天热点是什么、应该写什么。这不就是媒体选题策划的功能吗？新闻选题是一个媒体、一个编辑、一个记者最核心的技能，要判断什么选题可以做、这个选题是否适合我所在这个媒体来做，这里是有很多专业问题需要解决的，而写作和采访是后端的事情。头条实验室已经通过技术手段部分解决选题发现和决定的问题。

我们以前做深度报道、调查报道，都是通过五官获得信息。有很多颇具争议性报道，都是因为获得的信息不完整、逻辑推理判断出现问题。在大数据时代，如何依靠大数据、依靠无所不在的传感设备获得信息（这些往往是我们的五官无法获得的信息）来辅助我们的新闻报道，最终帮助我们做出判断，这是值得媒体深入研究的重要问题，但很多媒体还没有意识到这一点。

今天，我们已经进入一个万物互联的时代。物联网是以通信技术和传感器技术连接一切形成的网络，而物联网的基础和基本技术包括传感器与传感器网络、传输技术、云技术、嵌入式系统。现在大家都认同“万物皆媒”。万物要变成媒体，是需要通过一定技术来实现的。如何把一个跟媒体没有关系的物体变成媒体或者媒体的一部分，这是我们需要考虑的问题，其中传感器就是一个很重要的工具。有了传感器，有了其他各种硬件，有了网络条件和操作平台，所有这一切组合起来才能真正变成媒体。而等我们拥有了数据，人工智能也就有了用武之地。

尽管技术发生了很大变化，但是在智能媒体时代，有些东西仍然是无法单纯依靠技术解决的，比如叙事能力、创新能力、分析能力和运营能力，这是学校传媒专业长期以来试图传授和解决的问题。在媒体从事技术研究的人，同样需要有对媒体的深刻理解。

有时候理解媒体比理解技术还要难，因为我们的媒体是一个具有中国特色的特殊体系，有各种管理制度、工作流程、标准要求。大家都很关注内容审核，目前单纯依靠技术是无法解决内容审核问题的。扎克伯格说，人工智能要解决内容审核的问题，至少还需要10年时间。

传感器网络和人工智能可以帮助人类获取无法取得或不易取得的数据，分析大数据蕴含的新闻价值，处理机械或有限智能的工作。机器在获取处理数据与信息的速度、精度、广度方面，达到人类无法企及的水平。随着机器智能的发展，机器能处理的任务将越来越多、越来越复杂。人工智能可以把传统新闻工作者从烦琐的重复工作中解放出来，让他们更好地创作故事，更深入地分析事实，从而体现他们的叙事天赋，表达他们的个人观点。

2019年，中科院院士谭铁牛在《求是》发表文章，提到人工智能将向人机混合智能发展。借鉴脑科学和认知科学的研究成果是人工智能的一个重要研究方向，这将使人工智能成为人类智能的自然延伸和拓展，通过人机协同更加高效地解决复杂问题。

斯坦福大学教授、谷歌云前首席科学家李飞飞也撰文，称“情绪”和“情感”是人工智能的下一个春天。

媒体行业无疑也将进入一个人机融合的新时代。各种智能传播系统本质上都是“人—机—环境系统”，人机融合智能将是主动与被动相结合、感知与认知相结合、确定与不确定相结合、结构化与非结构化相结合的产物。人机融合智能在传媒行业的应用，正是新华网融媒体未来研究院的主要方向。

新华网融媒体未来研究院的定位

新华网融媒体未来研究院成立于2014年，是直属于新华网的从事生物传感智能在多行业、多领域、多场景应用的技术、产品与模式研究机构，是围绕传感与人工智能技术及大数据、物联网应用的新产学研深度融合平台，同时承担着新华社媒体融合生产技术与系统国家重点实验室第三研究部（人机交互与生物智能传感研究方向）的科研工作。

新华网融媒体未来研究院研究领域包括生物传感、人机交互、模式识别、通信电子、认知心理学、脑科学及传媒等，研究院学术委员会由中国工程院院士、国家卫星定位系统工程技术研究中心主任刘经南和中国科学院院士、中科院健康大数据研究中心主任陈润生领衔，欧洲科学院院士、德国乌尔姆大学汉斯教授，英国国家研究委员会终身研究员、诺丁汉大学孟晓林教授，全球首个媒体融合实验室创建者、美国密苏里大学新闻学院麦金教授等国际一流的专家参与。

自2015年以来，研究院先后获得今日头条未来媒体峰会“未来媒体践行者”大奖，搜狐年度传媒盛典“最佳技术团队”奖。研究院“基于情绪识别的新一代物联网媒体解决方案”入选第六届世界互联网大会“世界互联网领先科技成果”50强，是世界互联网大会举办世界互联网领先科技成果发布活动四年来唯一一个来自媒体机构的入选成果。

2016年至今，在马德里、新加坡、澳大利亚等地举行的基于生理计算的人机交互国际学术会议上，新华网融媒体未来研究院先后有5篇论文获得高分通过，其中2篇获得最佳论文奖。研究院已累计申请专利15项，软件著作权3项，提交在审专利48项，其中发明专利41项，实用新型专利7项。

新华网融媒体未来研究院在研究传感技术本身的同时，立足于传媒主业，将传感技术应用在满足不同行业应用需求的定制化产品上，开辟了多场景、多行业下媒体进行科技赋能的新空间。研究院开展了广泛的国内外合作，先后建立了全球首家影视传感评测实验室，与中国一汽集团合作成立新华网——中国一汽“车媒体”智能生态联合实验室，与中英地理空间工程中心、英国诺丁汉大学计算机科学学院自动调度—优化和规划研究实验室联合成立中英生物传感与智能交通联合实验室，并在此基础上成立了生物传感与智能交通（雄安）研发院，举办了首届蓝星球科幻电影周。目前，已在生物传感智能机器人、情绪流新闻、车媒体智能交互、实时感知与用户体验、共享视觉、影视评测、报道及广告效果评估等方面取得成果。

应用方向及案例

（一）传播效果评测

世界闻名的舞台剧《战马》在2015年被引入中国之际，我们与中国国家话剧院及英国皇家话剧院合作为该剧进行了用户体验和传播效果测评，共邀请150名观众（男女各半，其中包括30名儿童），在观剧期间戴上我们自主研发的生理传感器，利用第一代生物传感智能机器人Star，结合问卷调查等主观报告方式，得到观众的整体观看体验。其中，根据不同人的属性标签、性别和年龄等问卷数据进行群组统计分析。而传感器数据的分析，则根据导演组提出的具体场景和需求进行深度数据挖掘，传感器数据分析的结果颗粒度精确到毫秒，比问卷方式的调查结果更加有时间上的连续性，信息内容更加丰富，结果也更加多元化。例如，我们对全剧中226处马偶戏的观众关注度情况进行分析（见图2-1-1），而主观报告的方式不可能记住观众在观看每一处马偶戏时的反应。传感器数据还发现，之前为吸引儿童观众所做的“观剧可先参观后台”的策略也是不利于提升观众兴趣度的，因为数据显示，先参观后台再观剧的孩子关注度明显低于没有参观过后台的孩子。为此，市场策划团队将营销策略调整为“先观剧后参观后台”，从而保证观众有更好的观剧体验，在一定程度上提升了传播效果。

结合这些数据，我们还开发了机器写作工具。已有的机器写作工具大多用于体育竞技、股市、气象等领域的报道，因为这些领域有结构化的数据，此前还没有过把机器写作用于人文艺术类的报道，而我们的技术则提供了人的数据，可以为报道提供一种客观依据。

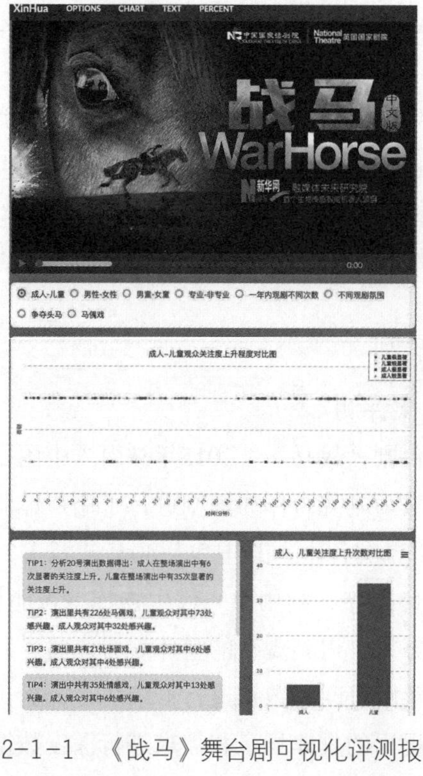

图2-1-1 《战马》舞台剧可视化评测报告

（二）影视评测

目前对电影的测评基本都是通过在线评价或者打分来获取，评价结果往往会因为一些主观因素而存在偏差。我们尝试利用生理传感和情感计算技术对影视作品进行细颗粒度的评测，给影视广告行业带来创新性的反馈机制，也有助于作品在公映之前进行修改编辑或者制定更为精准的营销方案。

2016年，我们对影片《港囧》和《夏洛特烦恼》进行了一次测评。这两部影片都是2015年国庆档上映的喜剧作品，其最终票房也基本相当，但是网络上的评价和口碑有些差异。通过图2-1-2我们发现，两部电影的观众反应水平交织在一起，在前面三分之二的剧情内，观众对《夏洛特烦恼》的整体反应要高于《港囧》；到了剧情的后三分之一，由于《夏洛特烦恼》的剧情发生了坍塌变化，对观众的吸引力下降，而《港囧》的剧情在后面持续发力，更加吸引观众，因此观众的整体反应和专注度也持续上升，这与网络上的评价是一致的（见表2-1-1、图2-1-2），但是生理传感的测评颗粒度更精细，并且数据结果实时呈现。这种通过小样本实验即可获取有效数据分析结果的方式，可以及时、高效地进行影视传播效果的评测。目前已成功评测包括《我不是药神》在内的30多部影片。

表2-1-1　两部电影在不同网站上的评分与票房信息

电影	豆瓣评分/分	猫眼评分/分	票房/亿元
《港囧》	5.6	8.4	16.14
《夏洛特烦恼》	7.6	9.3	14.41

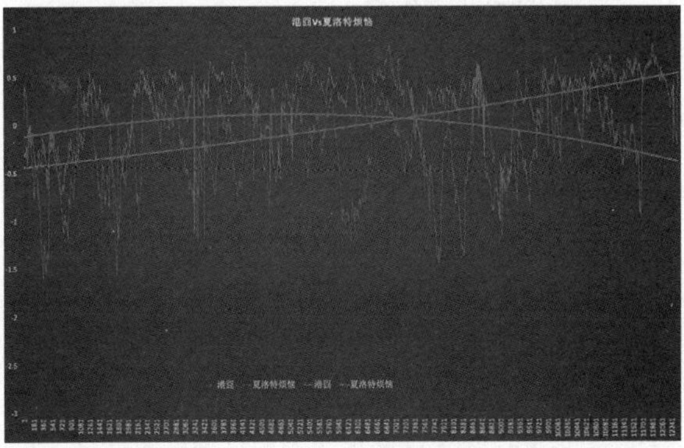

图2-1-2　观众在观看《港囧》和《夏洛特烦恼》时的专注度变化情况

（三）广告效果评测

目前，对视频广告传播效果基本都是靠电话调查、问卷法或者根据销售利润的变化来评估的，存在需要较大样本或者有很大的迟滞性的缺点，而且只能得到最终效果，无法得到受众对每一帧画面的反应和反馈等细节。

我们利用生理传感和情感计算技术连续记录受众在观看广告时的生理、心理反应，结合神经营销学和传播学的知识，根据观众对风格不同但销售同类商品的广告片的主观体验和客观反应，研究不同类型风格和不同拍摄手法的广告传播效果。这里介绍一项我们已经公开发表的研究。我们选择了三段不同风格和拍摄手法的食品广告，A广告为大场景航拍加蓝莓（Blueberry）特写，配上煽动性广告词；B为带有完整故事情节，但是画面是比较昏暗阴森的火腿（Ham）广告；C则是带有故事情节、风格靓丽清新且时长较短的啤酒炸鸡（Beer-chicken）广告。针对广告内容及预期受众，我们选择了年轻女性作为被试对象，除了采集观看期间的生理、心理数据，还做了观后调查问卷和访谈，以便丰富主观体验和数据维度。

通过数据分析，我们可以看到受众在观看广告期间的关注度在持续下降，尤其是大概90秒之后下降更快（见图2-1-3）；整体上讲，观众对C广告整体的注意力唤起程度高于其他两个广告。另外，根据生理反应曲线，当有打动观众的场景或者广告语出现时，比如“花青素对儿童大脑发育有极大的好处”，将会有较大的专注度投入，图中箭头指示处出现故事情节。

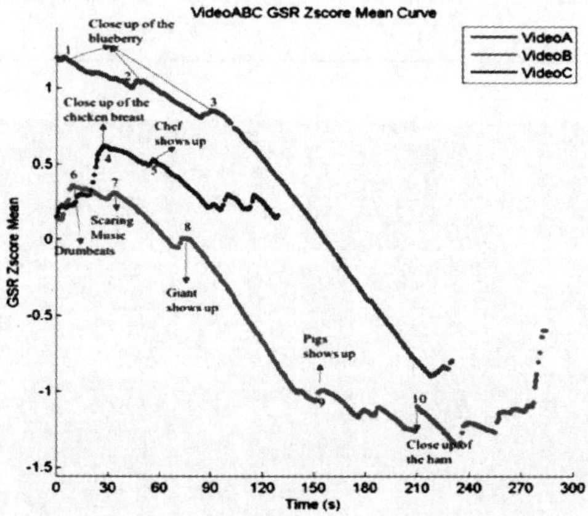

图2-1-3　观看三段广告视频期间，观众的专注度变化曲线

由以上结果可以看出，通过生理传感和情感计算技术来研究广告的传播效果，能够得出更加精细化的过程数据，能够明确知道某一帧画面的观众体验和感受，有助于将广告最需要传达的信息与观众最关注的时刻进行匹配，以达到更好的传播效果。此外，传播效果依其发生的逻辑顺序或表现阶段可以分为认知、心理态度和行为三个层面，而人的行为表现与思想决策如同海洋里漂浮的冰山，能为我们所见的只是很小一部分，更多的是不可描述和报告的隐性部分，这恰恰是借助认知神经科学工具可以不断探索的地方。

（四）传感器新闻

长期以来，新闻信息特别是其中涉及个人主观感受的部分基本依靠采访的方式来采集。从麦克卢汉开始，媒介就被认为是人的身体的延伸。如果说此前传媒技术的发展是人的五官的延伸，那么进入物联网和人工智能的时代，这种延伸的广度和深度将进一步扩大。

我们翻译并出版了托尔新闻中心的《传感器与新闻》。美国在20世纪70年代就有了传感器新闻，那本书介绍了一些他们的案例，主要是如何用物理传感器来做新闻报道。新华网融媒体未来研究院的生物传感智能机器人Star则以自主开发的生理传感器，生产出国内首条生理传感新闻（SGC）。

2018年3月5日全国“两会”期间，新华网邀请了30位社会各界人士在新华网影视传感评测实验室同步观看总理作政府工作报告现场直播。通过观众佩戴的智能传感器采集的数据，生物传感智能机器人Star描绘出观众在听总理做报告时的情绪曲线，并精准分析出观众最感兴趣的8句话。此外，生物传感智能机器人Star还根据数据分析结果总结出备受百姓关注的关键词：改革开放、创新、民生、“三公”经费、高铁。传感器接收的这些数据，可用于解析观众的关注程度和个体化差异，并从性别、年龄、专业性等不同维度去分析。在传媒行业，这些分析结果能帮助媒体人了解以往难以挖掘的人的体验与感受，辅助其完成新闻分析与报道。这是情感交互技术在时政新闻领域的首次应用。

2019年10月1日，在中华人民共和国成立70周年阅兵报道中也应用了这一技术。新华网前方报道记者团每人均佩戴了情绪智能传感器，在整个采访活动中实时进行数据记录和分析。与此同时，在新华媒体创意工场中有20多位观众也佩戴了传感器并同步观看国庆阅兵式的直播。在3个多小时的阅兵式中，前方记者和20多名看直播的观众的生理数值被记录下来，并通过算法分析出他们每一个心情激荡的准确时间。这些数据应用于新闻报道中，使内容更加丰富、报道更加立体。

现在新华网融媒体未来研究院的产品和技术解决方案已经相对成熟，除建成了全球第一个生理传感电影评测实验室，还在吉林大学新闻传播学院、河北传媒学院等高校建设了各具特色的传播效果评测实验室，在南京建立了长三角首个心智分析与广告效果评测实验室，在新华媒体创意工场的智能审片室能够提供视频生产评测的全流程服务。目前，研发团队正在开发“蓝星球”智能评测系统，这是一套为短视频内容生产者服务的软件，可以给短视频打分并提供改编参考。

（五）智能车媒体

在万物皆媒、万物互联的时代，物联网思维对传统行业的产业格局变革与业务模式创新至关重要。随着汽车智能化、网联化的发展，与此相关的汽车制造、信息技术、交通服务等领域都将迎来新的发展高峰。车辆已经从原来的单一交通工具演变为一个集多种娱乐、生活、服务于一体的出行服务媒介。这种跨界融合变革，为传统传媒行业与汽车行业带来了空前的机遇。对媒体行业而言，传统的研究对象聚焦在内容的研发和创新上，例如表达方式、书写方式等，而在互联网、物联网思维的影响下，研究主体逐步转向了传播对象。媒体前所未有地关注受众的差异与媒介使用者的群体划分，并通过精准的分类和推送优化传播效果。在这样的行业背景下，基于人工智能技术的个性化服务将是未来的行业趋势，蕴含着巨大可能。

为探索“车媒体”生态，新华网与中国一汽集团共同成立了新华网——中国一汽“车媒体”智能生态联合实验室。新华网融媒体未来研究院的情绪新闻团队与一汽的网联服务团队、智能座舱团队合作，双方从人的需求出发，在车媒体生态空间中利用生物传感与人工智能技术，联合开发“车媒体情绪新闻”产品。产品主要包括软件、硬件两部分：基于生物传感与AI（人工智能）技术的疲劳驾驶检测和预警系统“智能指环”、基于人的情绪状态推送新闻内容的车载App“情绪流新闻”。为打造一款软硬结合的内容推荐分发系统，研发过程十分复杂，涉及硬件核心电路设计、情绪芯片算法研发、核心情绪算法研发、软硬件结合系统设计和开发，开发能够检测用户危险驾驶行为和生理情绪变化的智能硬件、推荐算法、开发车载App、开发云端管理系统，同时要跨部门引入音频新闻内容。

技术驱动传媒变革，当媒体具备自主研发实力，拥有自己的核心技术时，才不会被动地亦步亦趋，而是成为变革的引领者。媒体的转型将超脱边界，我们正在参与这个万物皆媒的时代，除了以上和泛媒体领域相关的应用案例，新华网融媒体未来研究院还在教育、医疗健康等多领域布局。在物联网时代进程中，新的链条及规则不断被建立，我们相信拥有技术话语权的媒体将是其中重要的一环。

（演讲者鞠靖，新华网融媒体未来研究院副院长）

案例分析

趋势、技术与路径：浅议物联网环境中的人机融合智能

2018年底，有一份纸媒停刊的名单在业内流传。54家纸媒榜上有名，含泪作别2019年。然而，除了情感的流连，圈内圈外已不再能泛起更多涟漪。

广电媒体的境况似乎好一些，但内在肌理的痛与外在压力的重同样难以令人轻松。传统媒体相继走在告别的路上，成了一道令人挥之不去的魔咒。

在时代变革与格局重构的大潮面前，谁能屹立？谁会裸泳？

媒介融合能否帮助传统媒体走出坦途？

本文将就人机融合智能在媒体行业发展中的可能趋势略作探索，文中的人机融合智能，可简单概括为机器智能与生物智能相融合的混合新型智能。在智能化发展的过程中，人与机器均不可能完全相互取代，需要将人的意向性与机器的形式化相互融合，不仅解决“being”（事实）的问题，还解决“should”（价值观）的问题。它对媒体融合转型提出了新的课题以及更高的要求。

媒体失敏的根源在于连接能力衰减

媒体融合被提到国家战略高度加以强调，已经超越仅仅从产业发展层面进行扶持的意义。从2014年中央提出推动传统媒体和新兴媒体融合发展的要求，到2018年中央对建设区域融媒体中心给出比较明确的时间和数量要求，传统媒体承担的喉舌责任已落实到信息传播的神经末梢，要求进一步通过融合来实现资源的集中配置和有效引导。而在四年的时间里，传统

媒体日渐边缘化的现状并未得到根本性扭转，其中既有产业升级转型的普遍性困境，也有值得我们重视的非一般性问题。

突出的表现是媒体失敏。失敏的背后，是感知和洞察能力的缺失。从新媒体平台的建构理念、技术逻辑到终端采集与信源获取能力的式微，作为传媒业传统优势的泛连接性弱化，带来行业与用户黏度的丧失，因而带来各种困境。

仅从技术角度看，互联网与计算机技术带来的跨界冲击，使拥有互联网技术的企业在“无边界”的浪潮中游刃有余，并在不断迭代中广泛连接用户终端，最重要的是获得对一线需求的感知力，并基于此进行技术迭代与革新，形成良性循环。无论谷歌、亚马逊、Facebook（脸书）还是BAT（中国三大互联网公司：百度公司、阿里巴巴集团、腾讯公司）、TMD（互联网三大创业公司：今日头条、美团、滴滴），我们不能否认，今天成功的互联网巨头几乎成了具备媒体属性的“超级媒体”。相形之下，作为社会瞭望者的媒体和传媒人，如果不能敏锐地感知社会变革、产业动向、市场脉搏和阶层律动，就难以做到所谓“内容为王”，也难以做到理性、客观、负责任地报道事实，更难以对未来可能出现的危险或机会做出预测。

以广电媒体为例，多数广电媒体依赖的还是基于发展初期的行业技术。服务对象以内部为主，包括节目制作、输出、网络建设、媒资管理和安全保障。其传统的作业模式是以内容生产为中心，以传统信源采集方式、单向发布平台为主要技术支撑。在用户需求洞察、传播效果优化、体验感知与交互等方面缺乏技术研发能力，也极大地限制了洞察、创新与创意能力的发挥。

就人工智能技术而言，我们可以大致以显性智能和隐性智能来区分。当下人工智能的研究更多地基于计算机自动化和控制，通过深度学习取得优势，侧重于机器智能领域。随着感知要求的深化，生物智能等隐性研究将越来越受到重视。情绪识别、情感计算、认知洞察与无监督学习等将融入智能化大潮并真正带来物联网时代的新生态空间，这种人机融合的智能模式为传媒业带来挑战，也提供重要机会。

视听媒体向体验媒体演进的趋势值得重视，为媒体智能化的深入提供了条件

人工智能是2018年媒体热议的话题，而AI如何在传媒行业的转型发展中发挥出效能，仍未能破局。

笔者以为，当下人机交互、情感计算、认知计算以及NB-IoT（窄带物联网）、LoRa（远距离无线电）等低功耗广域网络技术研究均可归入人机融合智能的范畴，值得媒体特别留意。从近年来较热门的舆情智能搜索、“中央厨房”、语音转译、视觉识别、VR、AR（增强现实）、HR（全息现实）等技术，到注重用户体验、情绪识别和情感计算的生物智能等技术，所涉及的专业越来越复杂，脑科学、神经科学、心理学、图像识别、材料学、无线通信及计算机技术等学科支撑已远远超出传媒业的传统知识储备和开发能力，意味着智能技术与传媒业的融合在向更深层次进发。

对媒体而言，人机融合智能可以通过以下几个方面来评判。

首先，是否能够区分和识别个体需求差异，这是进行个性化生产与精准化营销的前提。以“算法”为众所知的今日头条等机构，对用户搜索行为进行偏好分析，实际上颠覆了传统媒体一对多的单向传播形式。从忽视用户需求转向高度重视体验差异，以人机融合智能手段解决传统媒体在生产方式上难以提供个性化产品和定制化服务的难题，将会成为趋势。

其次，是否能够对交互行为和用户体验进行定量分析。人、机、环境三者的关系是人机混合智能的核心，是将生物智能与机器智能融合，迈向新的智能阶段。这种复杂关系的处理难度远远超过单一关系的研究。其中，机器智能需要代替人工进行常态和可持续的跨媒体数据采集、认知、学习及推理，而生物智能则需要具备对用户情绪识别、情感分析和认知洞察的能力。机器智能与生物智能融合的水平，决定了人机融合智能的整体实力。

最后，是否能够在情感和意识层次对个体智能与群体智能进行深度挖掘。就广电媒体与影视行业而言，视听媒体向体验媒体演进的趋势值得关注。时下盛行的虚拟现实等技术营造的沉浸式视听觉感受尚处于体验的初级阶段。一旦具备应用人机融合智能开发多层次产品的创新能力，则会带

来根本性变革，也将创造巨大的商业空间。

2016年1月，美国20世纪福克斯公司联合硅谷的光波公司（Lightwave）利用生物传感技术对电影《荒野猎人》进行观众体验实测（见图2–2–1），获得受测观众在观影中的差别化情绪变化数据，并精准描述出这种变化对应影片不同时间点的影响关系。虽然该次实验的备测对象仅15人，且在技术上未能实现同场群组测试，但已为电影行业开展交互体验开启了定量研究的先河。道琼斯集团旗下媒体“市场观察”撰文预测，“下一个大事件，可能就是用于艺术和娱乐领域的生物评测分析”。

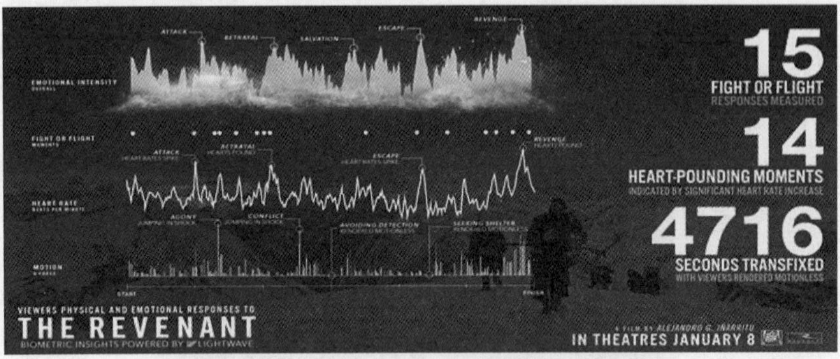

图2–2–1　《荒野猎人》传感评测示意图

此前的2015年11月，新华网融媒体未来研究院与中国国家话剧院合作对舞台剧《战马》进行了多场次用户体验实测，这是可知的采用生物传感智能技术进行的首次剧场实测。该次实测除采用皮电传感技术外（见图2–2–2），还综合机器人写作等技术开发出生物传感智能机器人Star，分析这出英国著名舞台剧在中国演出的观剧效果。该组实验也首次将生物智能与机器人写作等技术引入了娱乐报道领域，突破了机器写作仅在体育和财经领域进行线上数据嵌套模板的边界。

在2016年9月第73届威尼斯电影节上，笔者曾作“生物传感技术有望改变电影工业未来”演讲，预言电影业将从视听觉艺术向体验艺术演进，交互技术是体验感知的基础，由此将改变电影业单向传播的传统模式。用户参与及个性化选择将使电影从创作、传播到营销、管理模式都产生颠覆式革命，电影的游戏化将不可避免（见图2–2–3）。

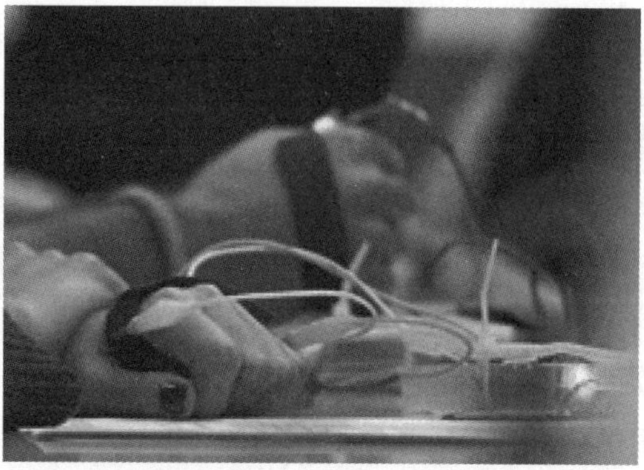

图2-2-2 采用皮电传感穿戴设备开展评测实验

图2-2-3 剧场实验可针对每一位观众的偏好差异设定不同的观影位置和声效体验

2017年3月，杜比实验室由一位观众头部佩戴64极脑电波帽，手腕套皮电传感设备，辅以热成像相机进行了多模态生理数据采集。该实验室首席科学家Crum表示，这是杜比为“更好地理解人类体验”做出的努力。

新华网融媒体未来研究院自2016年起在电影领域开展研究。通过生理与认知心理分析，为电影制作方、投资方及市场院线、宣发部门提供传播效果的精准定量参考依据。2018年对魔幻电影《阿修罗》和暑期档5部影片进行了多模态的影院体验实测，并取得成功。开发出的专门针对特效效果评测的“阿修罗算法”，已在游戏等相关领域开始拓展。

而2018年在电影交互领域最值得关注的事件就是Netflix最新制作的剧集《黑镜：潘达斯奈基》。在观看时，观众可以“掌控”电影剧情的发展，按照自己的意愿选择不同的版本、时长、结局和情节。仅结局就有5个，而每个结局又有多个变体——观剧的过程也充满悬念，提供良好的情感体验。据称，Netflix的开发团队在这一领域进行了5年研究，并且已在儿童互动教育方面取得了一些成果，此次是首次应用到成人版影视剧《黑镜》的制作上。实际上，已将游戏玩家们的惯用手法植入电影叙事的环节。在观众做出选择后，Netflix开发的“状态追踪”会记录并进行偏好分析。

开发者表示，传统电视是一个向后倾斜的企业，而Netflix的互动计划则是一个向前倾斜的替代方案。

笔者认为，强调交互和重视体验的根本理念都是将选择权交给用户。因此，线上融合线下、机器智能融合生物智能、已知分析融合趋势预测的技术逻辑是必然的研发路径。线下个体智能的群组采集与互联网平台的线上挖掘集合，可以探索对社会性群体行为的预测。这种研究已被利用在细胞机器人系统的描述，它具有分布式无中心的控制能力，并且具有群体自组织性特点。

互联网技术已经在工具使用领域较大地满足了用户信息沟通、资讯获取和娱乐消遣的价值追求；在社会心理层面，满足了用户聚群抱团、安全社交和炫耀窥视的心理；在虚拟社交方面，满足了用户社交建立、发起和反馈的人际交往需求。在物联网时代，生物智能与交互技术将从更多维度满足用户感官与情感体验。

研发部门在广电媒体进行定位重塑至关重要

有专家提出，2018年可以被看作是人机融合智能的元年。作为天然具有跨行业连接优势的媒体行业，对自身的优势与短板亟待进行新的梳理和判断。

在物联网时代，如果能够高度重视核心技术的自主研发，依托整合优势在非核心技术方面集成创新，则能够关联起行业与用户终端、重建市场对媒体的依赖性，摆脱失聪、失敏困境，实时感知终端律动，敏锐洞察深度需求，做到兼备传播的有效性和价值观引领。

对决策者而言，技术选型与趋势判断是密不可分的。笔者以为，人机融合智能是广电媒体科技赋能行业的重要路径。

其一，理念层面须树立新型媒体组织中科研部门的定位。将其从传统媒体中技术保障、服务型定位调整为核心战略部门，技术负责人相当于首席技术官，参与重要战略的决策制定，在新技术日新月异、行业跨界形势复杂的环境中，能够帮助决策层辨明趋势与技术方向，判断技术类型及合作优劣，否决不必要的资源与资金在技术上的错误投入。

未来的媒体竞争，核心将取决于内部研究能力的强弱。该科研部门应侧重于技术、产品、模式和用户研究，因为这决定了该机构可持续创新的生命能量。

以抖音为例。继今日头条横扫移动端图文信息市场之后，抖音再次成为短视频领域的领跑者。其组织架构中，三个核心分别是技术、用户增长部门和商业化部门。其中，用户增长基于其基本理念和技术逻辑，形成了特有的一套方法论。虽不会马上见效，但专注于用户需求和价值分析，通过对获客成本、变现周期和市场潜力的研究，可以有效评估产品在市场上资源配置的优先级。这种体系化的理念，对于技术研发部门是一种导向，同时提供了宝贵的算法开发、技术迭代与产品优化依据。

其二，媒体应在科研部门内打造一支跨学科、跨专业、跨领域的团队。在物联网时代，应对个性化需求的服务满足，包括硬件、软件、数据传输、社会心理与商业模式研究在内的综合能力是关键。这一点，在人机融合智能的竞争中已经显现。

其三，媒体内部的科研工作，应区别于高校科研机构的基础性研究，侧重于应用型研究，却需要和科研机构建立产学研的平台机制，引导、参与或借助高校科研机构的成果。同时，又要善于将实验室技术转变为具有市场竞争力的产品——这就需要再引入行业合作者，通过伴随式成长的共享方式获得源源不断的动态数据，通过交互效果测量不断优化产品，实现真正的科技赋能产业。

综上所述，包括广电媒体在内的传媒行业，在物联网时代可以唤起自身的媒体优势，充分依托跨行业的泛连接性，加强对行业与人类发展的趋势研判，重视前沿科技与行业赋能的重要性，加强在核心技术与创新模式方面的专业研发，敢于突破惯性思维方式，跳出传统的生产作业方式和运营思路，励精图治、奋发图强，在新的生态变革与格局重构中再造行业尊严。

（作者杨溟，新华网融媒体未来研究院院长、首席科学家）

专家点评

“未来”已来

新华网融媒体未来研究院是致力于传媒融合发展模式及技术、产品研发的智力研究机构。

自2014年建立国内首个用户体验传感实验室以来，新华网融媒体未来研究院在人工智能、生物传感领域深耕不辍。作为中央主流媒体，它在过去一年来积极探索用户数据采集和应用创新，相关应用实践走在了全国前列，体现出央媒融合转型的技术创新思维。新华网融媒体未来研究院荣获“2019应用新闻传播十大创新案例”，实至名归。

移动互联网技术广泛应用，各种力量都在进入传媒业，各种边界也正在被打破。移动互联网、物联网、大数据、人工智能、VR、AR（增强现实）等技术，正在推动新一轮传媒业生态重构。“人人皆媒”“万物皆媒”已是不争的现实。

万物要变成媒体，就需要通过一定的技术来实现。如何把一个跟媒体没有关系的物体变成媒体或者媒体的一部分，这是媒体人今天必须思考的现实问题，其中传感器就是一个很重要的工具。有了传感器，有了其他各种硬件，有了网络条件和操作平台，这一切组合起来才能真正变成媒体。新华网融媒体未来研究院围绕传感与人工智能技术及大数据、物联网应用开展的新产学研深度融合，为传统媒体转型提供了新思路、新范例。我们正阔步走进人机融合的新时代！

（作者董广安，郑州大学新闻与传播学院教授、穆青研究中心主任）

03 触电新闻客户端

2016年12月30日，由广东广播电视台自主打造的触电新闻客户端上线，它是一个以广电资源为主的视频资讯聚合分发平台，通过自主研发的智能推荐技术、提供千人千面的用户体验，用技术赋能主流价值。触电新闻客户端的媒体融合由三轮驱动：技术、内容和资本。其最大创新之处，一方面是内容创新，即是一系列符合移动传播规律的短视频内容生产；另一方面是流程再造，即全媒体化的内容生产与发布体系，基于产品思维、受众思维、整合思维推动传播流程优化，拓展传统媒体转型融合发展的思路和局面。

主题演讲

推动媒体融合向纵深发展的三个关键创新

——触电新闻客户端的实践探索

推动传统媒体和新兴媒体融合发展，是党中央着眼巩固宣传思想文化阵地、壮大主流思想舆论做出的重大战略部署，也是传媒领域一场重大而深刻的变革。2016年12月30日，由广东广播电视台自主打造的触电新闻客户端上线，它是一个以广电资源为主的视频资讯聚合分发平台，通过自主研发的智能推荐技术，提供千人千面的用户体验，用技术赋能主流价值。

截至2019年10月，也就是触电新闻上线近3周年之际，触电新闻客户端累计下载量已经突破7000万，月活跃用户630万，上线至今近3年来，虽然困难依旧不少，但突破也不少。触电新闻得到了来自行业内外的高度认可，获得国家广电总局颁发的“年度优秀案例奖”（广东省唯一入选媒体），连续两年入选“全国省级广播电视台App市场指数榜”十佳。触电新闻出品的融媒作品获广东新闻奖一等奖，入围中国新闻奖。这个互联网团队培养出了国家及广东省青年文化英才、广东金梭奖专业人才、广东紧缺人才、广州人才等一大批人才。此次入选“2019中国应用新闻传播十大创新案例”，是对触电新闻融合探索的极大肯定和鼓励。

媒体融合由“三轮”驱动：技术、内容和资本。触电新闻在推动媒体融合向纵深发展的实践过程中，探索出具有自己特色的媒体融合发展经验，有以下3个关键创新。

技术创新：引领全面推进媒体融合战略

技术创新是传统媒体与新媒体融合发展的核心驱动力，也是难点所在。新媒体时代，传统媒体本身就有基因上的不足。几乎无法从传统广电里找到符合技术要求的人才，更不要说支撑一个生态链合成。广东台自决定打造触电新闻起，便十分重视技术创新，致力于自主研发核心技术，并以技术为导向，推进媒体融合发展。经过近3年的自主研发，触电新闻已拥有147项软件著作权、2项外观专利和49个注册商标，打造了包括融媒体生产系统、互联网传播平台、舆情监测分析系统、数字化营销系统等在内的一整套触电新媒体平台。通过自主研发和掌握平台核心技术，将平台用户数据及生存发展权、网络意识形态主导权牢牢掌握在自己手中。

触电新闻广电新媒体融合示范平台建设入选了2018年广州市“中国制造2025”产业发展基金扶持名单。触电传媒被评为“国家高新技术企业”，并被广东省委宣传部确认为广东建设的唯一一家县级融媒体中心省级技术平台“珠江云”的承建方，为县级融媒体中心提供技术、平台、内容、人才等全方位的服务。

触电传媒正以国家推动媒体融合发展为重要契机，以县级融媒体中心建设及省级统一技术平台建设为抓手，奠定广电媒体融合战略的基础。2019年，我们通过技术输出，为超过40个传统媒体建成区域融媒体中心，项目遍布广东省内各地及国内的北京、西藏和新疆等，目前项目仍在增加。2019年的这些项目不但为我们带来近7000万元的收入，更重要的是，我们通过技术共享的方式收获了扎根未来的合作联盟。目前触电新闻已汇聚广东广播电视台丰富的节目资源，并通过建立“地方频道”、“触电号”、县级融媒体中心等合作方式，聚合了全省57个县、21家地市电视台进驻，与全国156家电视台达成了合作关系。触电新闻的朋友圈现在有3万家机构和个人，在媒体生态布局方面已经初见成效。

内容创新：以移动传播为枢纽，实现全媒体生产流程再造

移动互联网的出现带来了信息传播方式的巨大变革，以手机为代表的移动媒体已经成为我国民众日常传播的基本配置。2019年8月中国互联网络信息中心发布的《第44次中国互联网络发展状况统计报告》显示，截

至2019年6月，我国手机网民规模达8.47亿，网民使用手机上网的比例达99.1%。这些数据表明，我国已经进入了以手机为主要终端的移动互联网传播时代。以手机为终端的移动传播，是传统媒体战略转型、媒体融合发展的主攻方向。触电新闻客户端的推出和不断创新升级，正积极顺应了互联网传播移动化、媒体融合移动优先的发展大势。

（一）跨渠道融合，流程改造推动移动优先

广东台通过“触电号”的形式将采编权、首发权下放给台内记者和编辑，带动传统媒体记者向全媒体转型，打造一支政治过硬、本领高强、求实创新的新型主流媒体人才队伍，第一时间发布主流权威声音。2018年9月16日，强台风“山竹”正面袭击广东，广东台50路记者奔赴一线采访，布局移动优先，3亿人次关注了触电新闻对台风“山竹”的报道，为广东省防御台风“山竹”及有效复产提供强有力的舆论支持，在众声喧哗中发出主流媒体的最强音，阵地功能不断放大。

（二）跨部门融合，成立短视频孵化中心，探索工作室机制

2018年以来，我们发现，几乎所有介质的媒体都在抢占视频这条赛道，视频产品正呈现爆发式增长。英特尔预测，未来5G网络流量，视频占比将达到90%。2018年，触电新闻便成立了短视频孵化制作中心，1年多以来已经发布原创短视频过万条，点击量超10亿，并孵化了《我们都是追梦人》《消费者质量报告》《现场》等互联网短视频品牌。在新闻资讯这一领域，我们推动工作室机制，探索资源集约、协同高效的全媒体传播体系，推动新闻人融媒转型。2019年全国“两会”期间，广东台的时政网红工作室打造了《95后开辩》《两会连连看》《快看两会》《两会“懿”民生》等11个时政IP（指所有成名文创作品的统称，如文学、影视、动漫、游戏等方面）产品，全网总点击量达7404万。网生内容创作品质整体升级，并呈现质增量减的精品化态势。

（三）跨界融合，紧扣主题主线，放大网络正能量

2019年全国“两会”期间，广东台与广州地铁跨界合作，开通《有你，广东更好》全国两会“民意地铁”特色融媒产品，为广大市民与全国人大代表、政协委员搭建了一个沟通平台。该主题地铁专列在广州地铁1号线共运行1个月，超过15万人参与H5（即移动端的web页面）投票，相

关报道点击量5200万，触达2.5亿人次。项目入选人民日报全国党媒信息公共平台主办的“2019全国党媒看两会”优秀融媒体作品奖，是全广东唯一一例。

（四）跨区域融合，《飞越广东》——1.7亿人次观看21地市直播

为庆祝中华人民共和国成立70周年，2019年7月起，广东台联动21地市融媒体矩阵一起开发《飞越广东》IP品牌，每日11:00—12:00在广东卫视、地市电视台、触电新闻跨屏直播《飞越广东》系列。截至2019年11月，《飞越广东》全网点击量超过1.7亿。

（五）跨行业融合，70集微纪录片记录各行业年轻人奋斗故事

在移动传播时代，短视频成为当下最为流行的互联网内容传播方式。触电新闻积极拉长广电视频制作这一长板，成立短视频制作孵化中心，推出原创短视频品牌。截至目前，原创数量已超过万条，全网点击量超过10万亿。其中，2019年元旦起推出的70集正能量微纪录片《我们都是追梦人》，为中华人民共和国成立70周年献礼。纪录片用普通劳动青年的追梦故事反映中国梦、强国路的宏大背景，展现追梦者坚守初心，描绘民族奋斗画卷，突出“一切梦想的成功一定和汗水和眼泪有关，我们的未来一定由我们积极乐观的态度与努力决定的”这种正向思维。截至2019年10月28日中午12:00，《我们都是追梦人》一共生产45条短视频，全网点击量1.2亿。获得广东省委网信办主办的2019年“一网一品牌”创建年终考核评审一等奖。

机制创新：破解人才和资金难题

曾经不少人对广电发出这样的质疑：现在广电的体制机制能适配媒体融合吗？当然不能！但触电新闻的快速发展，得益于大胆的运营体制机制创新和市场化的产业发展思路。首先，改革体制机制为推动新媒体业务的放活管好做大做强，广东台专门成立了触电新闻的运营公司，通过公司化运作建立起完备的互联网人才队伍，95%的人员通过市场招聘或者从知名互联网企业引进。目前这支队伍规模已经扩充到240人，平均年龄28岁，核心骨干先后成为广东省紧缺全职人才、广州市产业紧缺人才、广东省青年文化英才、金梭奖获得者。下一步，触电新闻将用好“三支力量”，即

自身力量、社会制作力量、社会资本力量，继续优化人才结构，夯实创新基础。其次，积极拓展渠道，探寻自身盈利模式。触电新闻已形成融合策划整合营销模式，率先实现流量转化，成功接入4A广告，逐步生成“内生”资金发展动力。最后，谋求资本力量，助推产业发展。广东台上市公司新媒体股份已经对触电新闻进行A轮融资尽调，计划通过两轮融资并用2—3年时间，推动触电新闻成为广东广播电视台第2个上市版块。

未来：构建网络端的广东广播电视台

基于以上三个创新，我们正在实现“四个可控”：一是阵地可控，二是技术可控，三是数据可控，四是经济可控。

在探索推动媒体融合向纵深发展的过程中，我们有一个有趣的发现，融合媒体可能是一个状态，意味着融合之后很多边界正在模糊，很多生态正在形成。

2020年，我们将以习近平总书记在党的十九届四中全会上的重要讲话和全会精神为指引，构建网络端的广东广播电视台，实现广东台的整体转型，用短视频重构大视频生态。基于这个目标，我们正在组建广东台的融媒体中心，为广东台新媒体传播矩阵进行内容生产供给，并与上市公司新媒股份、触电、粤听等公司运营主体协同发展，把融媒体中心打造成一个真正建立在互联网基础上的新型主流广电媒体，并同步建设广东省广播电视和网络视听产业基地，融合“学习强国”广东学习平台音视频内容中心、互联网音视频产业中心、县级融媒中心、广电媒资联盟、网络视听技术研发中心、全媒体融合云平台、超高清5G融媒研究院、4K超高清电视节目制作播出的完整链条、广东广播电视台检测中心等，形成创新融合发展的事业集群，打造广东视听产业新格局。

（演讲者蔡伏青，广东广播电视台台长、广东南方广播影视传媒集团有限公司董事长）

“案例分析

触电新闻：以创新实践助力广电媒体深度融合

在新媒体时代，昔日强势的广电媒体遭遇观众和广告流失等重重挑战和冲击，不少地方广电机构尤其是为数众多但长期不受关注的县域广电媒体面临着生存和发展压力。业界及学界普遍认为，通过媒体融合转型升级焕发新的生命力，是广电媒体的必由之路。2014年，媒体融合被提升到国家战略层面，各地广电机构积极展开探索。然而，时至今天，“怎么融”的问题仍困扰着许多地方广电媒体。

2016年底上线的触电新闻客户端为广电媒体融合提供了一种新方案和新思路。它是一款以数据挖掘和广电资源为基础的视频资讯聚合产品，集电视节目、资讯、新闻、直播、视频、自媒体等于一体，是广东广播电视台的战略项目，由其全资子公司触电传媒科技有限公司（以下简称“触电传媒”）自主研发并独立运营。

经过3年来的运营，触电新闻客户端已跻身广电行业同类产品前列，截至2019年10月，累积下载用户突破7000万，月活跃用户630万。

地方广电媒体融合的现状和困境

2014年，媒体融合上升为国家战略。中央、省级广电媒体以及个别发达地区的市级广电媒体走在广电机构中的前列。湖南、上海、江苏、浙江等地的广电机构是我国较早实施媒体融合战略并在融合路径上具有相当代表性的省级广电媒体。其中，湖南广电于2014年整合旗下的金鹰网和芒果TV，推出全新的芒果TV网络视频平台，采取“独播战略”将湖南卫视所有自制节目独家输入芒果TV。与芒果TV相似，浙江广电的中国蓝TV网络视频平台也将其内容定位于综艺娱乐。上海广电和江苏广电的融媒项目则侧重于新闻内容的生产和分发。上海广电于2016年整合原电视新闻中心、新闻综合频道和外语频道，成立融媒体中心，着力打造线上新闻产品“看看新闻（Knews24）”。江苏广电建立了“荔枝云”新闻平台，打通江苏广电台内外平台的信息沟通，记者不管何时或身处何地，只要登录“荔枝云”平台，即可进行新闻生产。

目前，从中央到省市级众多广电机构已开设“两微一端”，并入驻今日头条、抖音等大流量新媒体平台。“线上线下联动、多屏互动、一云多屏”，成为媒体通行的运作形式。“一次采集、多种生成、全媒传播”，成了转型中的广电媒体已经实现或正在追求的信息生成及传播方式。

至于县级广电媒体，其融合改革起步总体上稍晚。2018年8月，在习近平总书记做出的“要扎实抓好县级融媒体中心建设，更好引导群众、服务群众”重要指示的号召下，长期处于行业边缘地带的县级广电媒体成为媒体政策关注的焦点，被纳入国家媒体融合发展的蓝图。

多名学者指出，我国广电行业媒体融合转型面临诸多困境和问题。例如，许多广电机构的传统频道在不断流失观众的同时，其网络平台影响力尚未形成；广电机构的融合转型路径设计追求满足行业政策要求，却与市场需求脱节；广电机构的转型实践高度分散，在新媒体业务上各自为政，网络效应难以实现等。此外，受制于原有体制机制的束缚、现实利益冲突等诸多因素，传统媒体的融合战略执行难以真正到位。在这些问题上，相对于中央及省级广电媒体，资源和人才薄弱的县级广电机构的内部改革和媒体融合发展面临更多困难，如机制僵化、观念陈旧、缺乏技术和互联网人才队伍、市场化能力低下等。

触电新闻的融媒探索和实践

（一）渠道融合：将“大屏”资源引入“小屏”客户端

触电新闻通过开通“广电触电号”和建立“地方频道”，积极与广东省内及省外电视台（频道）、电台进行合作，将大屏电视资源引入小屏手机客户端，助力广电媒体融合创新传播渠道，提升内容传播力和影响力。

“广电触电号”是广电媒体在触电新闻客户端注册的专业媒体。广电媒体通过触电新闻平台，上传及加工其文字、图片、视频等内容，并以媒体号形式发布推广。“地方频道”是广电媒体在触电新闻平台上建立的地域性频道，如广州频道、河源频道等，用户可以自行切换地域频道。频道的实际运营者可根据当地平台用户的使用画像及地域逻辑，对地域频道进行内容、版面运营，以提供更符合当地用户关注的信息，加大地方广电媒体的影响力，进一步推动广电媒体融合，使媒体融合效益最大化。

截至2019年12月，已有823个广电系统触电号进驻触电新闻客户端，其中包括广东省内21家地市电视台和112个省外电视台（频道）。

除了“广电触电号”和“地方频道”两种媒体融合模式，触电新闻客户端还设立了“电视频道”版块。该版块下设“广东省台频道”和“地方台频道”，前者是广东广播电视台旗下的各频道，后者是省外及省内地域性电台、电视台及其频道。广电媒体将电视资源信号流接入触电新闻平台技术接口，手机用户就能随时随地观看或收听进驻电视台、电台的同步直播节目。客户端用户订阅该平台上的新闻节目后，在每次该节目播出前会收到开播提醒信息；对于重要的新闻直播，触电新闻也会自动向用户推送消息。

通过“广电触电号”“地方频道”“电视频道”等方式，触电新闻将省内外电视和电台资源引入手机客户端，实现广电媒体内容传播主流渠道和移动渠道的有机融合。其开放共享的模式打破以往广电系统的地域局限，为广电媒体尤其是长期以来受众少或影响力差的县域广电媒体提供了更新、更广阔的传播渠道，推动其走向智能化、平台化、移动化，助力其从内容生产到内容分发全流程转型升级。开放共享的模式也有助于广电行业抱团发展，合作共赢。

（二）技术创新：以领先的技术推进媒体融合

在媒体融合中，技术建设是基础，是支撑，也是难点。为了节省研发需要的资金和人力成本，一些传统媒体依靠商业技术公司开发其融媒体平台，另一些则出于降低技术外包带来的风险等目的，选择自主研发技术。触电新闻属于后者。

为实现自主研发，并突破传统媒体在运营新媒体方面的思维定式和管理机制惯性等束缚，更好地以“互联网+”的思维来引领媒体融合发展，广东广播电视台设立了全资子公司触电传媒，通过公司化运作培养互联网人才队伍，打造和运营包括触电新闻在内的新媒体平台。该公司95%的人员通过市场招聘或者从知名互联网企业引进。经过3年的自主研发，截至2019年12月，触电传媒已拥有147项软件著作权、2项外观专利和49个注册商标，打造了包括融媒体生产系统、互联网传播平台、舆情监测分析系统、数字化营销系统等在内的一整套触电新媒体平台。

通过自主研发和掌握平台核心技术，触电新闻将平台用户数据及生存发展权、网络意识形态管理权掌握在自己手中，在平台安全和内容审核等方面确保安全，以技术赋能媒体融合和主流价值传播。鉴于其技术平台和资源优势，触电传媒被授权为目前广东省内唯一具备资质的县级融媒体中心省级技术平台“珠江云”的技术支撑和技术对接实施方。

在将大屏电视资源引入小屏手机客户端方面，触电新闻自有的专利技术Hello Live和Smart Cut起到了重要的技术支撑作用。Hello Live的主要功能是帮用户寻找其爱看的节目。这一技术可将进驻平台的电视频道碎片化，并以电视节目为单位向用户进行精准推送。这种基于电视节目的“千人千面”智能推荐，为观众找节目，为节目找观众，提高了供求匹配，也提升了用户体验。

Smart Cut的功能是将传统电视节目进行智能切分。广电媒体能在平台后台对其节目视频进行分段剪辑，然后发布到移动端。这种将电视播出的内容进行碎片化、移动化“二次加工”的传播方式，更能满足用户的个性化需求，也更符合移动互联时代的传播特点和分众化、差异化的传播趋势，有利于电视节目内容的传播。

凭借Hello Live和Smart Cut这两项技术，触电新闻革新了收看电视的传统方式，使其更符合移动传播时代大众收看节目和接收资讯的习惯。

（三）内容建设：以优质原创内容提升核心竞争力

媒体融合发展中，内容建设与技术引领同样重要。无论媒体格局如何变化，优质内容始终是媒体的核心竞争力。然而，内容同质化、缺乏优质原创内容，是当今许多融媒体平台面临的困境。与互联网媒体相比，广电媒体有着新闻采编、视频内容制作等方面的专业优势和经验，也具有更丰富的社会资源和行政资源。如何充分整合和盘活这些资源和优势，使其更好地融入融媒体的内容生产流程，提升融媒内容生产能力和内容质量，是广电媒体转型过程中需要思考的课题。

触电新闻顺应信息传播碎片化、新闻短视频化的趋势，充分发挥广电媒体的内容生产及视频制作方面的优势，推出了一系列原创短视频IP，如聚焦时政要闻的《触电权威发布》、直击社会热点的《热点追踪》、展现社会万象的《现场》、记录社会发展的《时代》、关注消费和商品及服务质量的《触电新闻消费质量报告》、分享休闲娱乐资讯的《乐派》等等。截至2019年7月，原创短视频数量为2万多条，阅读量累计达10亿，多则短视频的平台阅读量超百万次。

自2019年元旦起推出的70集正能量微纪录片《我们都是追梦人》体现了主流媒体传播正能量的担当，受到广泛的关注和好评。该系列纪录片讲述了70个普通劳动者的日常工作和奋斗故事，以“小人物”抒写“大情怀”，展现新时代宏大背景下各种岗位上的劳动者脚踏实地、志存高远的奋斗精神。讲述的人物中，有默默无闻的快递员、清洁工人、公交车司机等普通劳动者，有各行各业的创业者，有身处不同岗位的公务员，有传统文化代表性传承人，也有“抱火哥”——广东省云浮市新兴县消防中队队长由浩杞等先进模范人物。

同时，触电新闻还积极探索与基层媒体合作生产、制作、报道优质融媒体内容的路径，其中一个代表性项目是触电新闻与广东省县级融媒体中心合作的大型融媒项目《我为家乡打call》。自项目启动以来，由触电新闻和当地融媒体中心组成的团队已走进汕尾市陆河县等九地，以“网络直播+短视频+推文+海报”多种形式，报道和宣传推广了翁源三华李、高州龙眼、阳春根雕、四会玉石等特产及当地的独特风光。项目专题内容在触电新闻、央视新闻+、今日头条、百家号等平台分发，全网点击量超过3500万。

（四）移动优先：先网后台，再造新闻采编发流程

广东广播电视台积极推动“台网并重，先网后台”的发展模式，以“触电号”的形式将节目采编权、首发权下放到台内各节目组的记者和编辑，节目内容优先在触电新闻客户端发布。2018年9月中旬，超强台风“山竹”袭击广东。9月16日台风登陆当天，触电新闻发布了短视频《险！深圳一大厦21楼玻璃幕墙被台风吹落！记者现场报道时又遇玻璃从

天而降！》。视频发布后，央视新闻和人民日报客户端、微博、优酷等各大平台纷纷转发，当天全网点击量过千万，成为爆款，次日央视新闻频道《朝闻天下》、央视国际新闻频道也播出了该视频消息。

“先网后台，移动先行”的理念带动广东广播电视台突破传统采编播业务流程的束缚，以移动平台为枢纽，再造新闻采编发模式。这不但促进传统媒体记者加快转型为全媒体记者，还实现主流媒体第一时间在移动端对重要新闻事件发布主流权威声音，增强主流媒体的舆论传播力和影响力。例如台风“山竹”到来，触电新闻第一时间报道了省委、省政府的相关决定和部署，并密集发布权威预警和辟谣信息300条次，及时向公众传达重要、准确的信息。在当前复杂的网络舆论环境下，第一时间报道权威信息，正确引导舆论导向，对以“新闻立台”的广东广电等主流媒体来说尤为重要。

（五）业务下沉：助力县域广电媒体融合转型

作为县级融媒体中心省级技术平台的技术支撑和技术对接实施方、县级融媒体中心的承建方，触电传媒大力向县域单位提供技术建设服务，包括省级技术平台接入、融媒体App定制开发、县域发布平台等平台及系统的个性化定制开发、数据可视化整体展示方案等融媒体技术解决方案，助力县级融媒体中心建设。同时，触电传媒以线上和线下的方式为融媒体中心人员提供业务培训。在《我为家乡打call》系列视频的直播及拍摄过程中，进驻当地的触电新闻团队以演示教学的方式，向县级电视台的骨干队员讲解航拍等直播技术及多机位专业设备的操作方法，并为他们讲解媒体融合知识，分享新媒体策划、制作的经验。

长期以来，县级广电媒体存在技术和专业人才缺乏的问题，这些问题制约着它们进行改革和融合发展。触电新闻团队这种“手把手”的技术和业务培训，有助于基层广电媒体从业人员进一步认识融媒体内容策划、生产的流程，了解融媒体团队所需配备的人才结构和运营机制，帮助他们加快转变其旧有观念和作业方式，推动县级广电机构转型升级。

进一步推动媒体融合发展的思考方向

艾媒咨询（iiMedia Research）2018年发布的《2017—2018中国手机新

闻客户端市场研究报告》认为，手机新闻客户端行业用户规模已趋饱和状态。面对来自商业或传统媒体新媒体平台的竞争，如何在市场上进一步做大做强，继续吸引用户，增强用户黏度，实现持续盈利，是包括触电新闻在内的所有新媒体平台面临的挑战。未来，传统媒体融合发展或可在以下几方面继续进行创新和探索。

（一）以更大的格局、更宽的视野推进媒体融合发展

在互联网时代，地方主流媒体面临着来自本地及外地、行业内及商业性媒体的竞争。虽然触电新闻是广东广电旗下的新媒体平台，但与其争夺市场和受众的，不仅有全国媒体同行，还有一众迅猛发展、更懂得市场规律和用户需求、经营更市场化的商业平台。传统主流媒体的新媒体平台要打造为新型主流媒体，提升其传播力、引导力、影响力、公信力及市场竞争力，就需要既立足本行业、本地域，又以开放的心态跳出行业或地域藩篱，促进业务多元化，实现媒体行业内部资源、媒体资源与社会其他生产要素的全面融合。

（二）以领先的技术推动媒体融合向纵深发展

媒体融合首先是技术融合，媒体融合发展离不开先进技术的支撑。当今世界技术迅速发展，传播技术和手段日新月异，几年前的新技术到今年可能已经落后。对自主研发融媒体产品的媒体机构来说，这意味着需要对技术研发工作进行持续性投入，也就意味着需要强大的资金和人力支撑。

（三）继续加大优质内容建设力度

内容建设不仅是传统媒体的核心竞争力，也是新媒体的竞争重点。优质的内容自带流量。主流媒体融合发展，在强调技术引领和驱动的同时，要始终把内容建设放在重要位置，以内容优势赢得发展优势。已有不少学界及业界人士指出，无论是主流媒体还是新媒体，它们普遍存在缺乏优质原创内容、内容同质化现象严重的问题。这说明，内容生产依然是需要媒体重点着力的方向。对主流媒体来说，内容建设的一个重要领域是新闻报道。在日益复杂的网络舆论环境下，假新闻、谣言层出不穷，横行网络，主流媒体需要积极关注和报道公众关切点，及时报道准确信息，提升新闻报道质量，以优质的报道提升公信力和影响力。

（四）积极与社会各界合作，探索稳定、持续、有效的商业模式

触电传媒目前正在朝这一方向努力，并已取得一些成绩。该公司已累计与200多名客户进行合作，客户类型包括旅游类、汽车类客户等。它还一直与各级政府事业单位及中山大学等高校保持良好的合作伙伴关系。不过，要实现持续性盈利，仍须努力从线上及线下多渠道拓展新客户及新业务，寻找最适合自身的商业运营模式。

结语

媒体融合是一个动态持续、没有终点的过程。在传媒环境正在发生深刻变革的今天，我国广电媒体融合转型仍处于起步阶段，广电行业面临的许多困境和问题仍未解决。如何更好地推进传统广电媒体转型升级，与新媒体融合发展，是一个仍在探索的时代课题。触电新闻充分整合资源，以先进技术为支撑，以内容建设为根本，推动广电媒体与新媒体在技术、内容、平台、渠道、经营等方面深度融合，已取得了一定的成效，以后可以继续创新和探索，为全国地方广电媒体加快融合转型积极探路，进一步有效地释放其引领和示范价值。

（作者徐艳珠，中山大学传播与设计学院博士后；张志安，中山大学传播与设计学院教授）

专家点评

通往全媒体内容生产与流程再造之路

在媒体转型与创新发展的关键时期，媒体融合成为一种普遍的战略选择，各个媒体均尝试在融合思维的指引下探索媒体发展的新理念和新路径。广东广播电视台积极适应媒体融合大局，上线触电新闻客户端，有效实现了电视内容的社会化传播，极大地拓展了传媒新闻节目的传播渠道和场域空间。触电新闻客户端的主要创新体现在三个维度，也可以概括为“三轮”驱动——技术驱动、内容驱动、资本驱动。触电新闻的最大创新之处体现在内容创新和流程再造：一方面，内容创新体现为对一系列符合移动传播规律的短视频内容生产，《我们都是追梦人》等重要短视频适时出击，占领移动平台，弘扬社会新声，极大地提升了平台的社会影响力；另一方面，流程再造体现为全媒体化的内容生产与发布体系，基于产品思维、受众思维、整合思维推动传播流程优化，从而拓展了传统媒体转型融合发展的思路和局面。

（作者刘涛，暨南大学新闻与传播学院副院长、教授、博士生导师）

04

新闻付费“财新通”

在过去“二次销售”模式下，广告收入成了养活新闻机构的主要收入来源。如今广告、发行齐齐断崖下跌，对财新网这样的专业商业媒体来说，主要出路就是做大数字化订阅。财新启动付费阅读功能，推出以新闻阅读为主的“财新通”和在新闻阅读基础上增加了数据库功能的“数据通”。同时，财新团队也非常重视团结业内同道，联手南方周末推出的“财新南周通”。财新网的创新带来启示，在我国网络新闻内容付费模式中，要坚持内容为王，提升信息传播价值；精准划分受众市场，创新新闻内容付费形式；加强新闻产品知识产权保护，培育受众知识消费习惯。

主题演讲

新闻付费阅读：财新的践行与思考

开启国内新闻付费阅读市场

进入互联网时代，传媒行业受到了前所未有的冲击，从以广告为主的商业模式到内容生产和传播，各个环节均不同程度地遭到了互联网平台的颠覆与解构。其中，传统媒体因不具备互联网平台的流量优势，主要营收来源广告被大量分流，下滑严重，已经威胁到媒体，特别是以原创生产为主的传统媒体的生存与发展。

在过去的十多年里，免费阅读由于为几乎所有互联网平台所采用，不期然成为压倒性的信息获取方式。互联网媒体从传统媒体那里以极低的价格拿到了版权，以免费的方式传播，这与互联网公司进入所有领域一样：免费只是补贴用户，借以占领市场，换取未来收入。从各个行业的经验来看，对用户的长期补贴、对生产端的极致挤压本身是不平衡的。内容长期免费必然会造成质量下降，进而引发市场的回调和分化。

这正是近几年来，内容行业特别是媒体行业，用户普遍诟病的核心问题。大家对所谓“海量信息”已深感厌倦，对内容产品的低质化越来越难以忍受，特别是假新闻横行常常引发舆论沸腾、怨声载道。

伴随于此，一些有能力生产优质内容的机构开始尝试付费阅读，互联网平台也出现部分响应之声。得到、知乎、喜马拉雅FM等开始陆续试水的2016年，甚至被称为“知识付费元年”。在这样的背景下，2017年，财新传媒决心尝试新闻的付费阅读。当时，付费阅读在国内严肃新闻领域尚无先例。

在国际上，英文领域的付费阅读起步较早，一线媒体已有成功实践。

《纽约时报》2018年第四季度财报披露，订阅用户数达到430万，其中数字订阅人数为336万。《纽约时报》整体订阅收入突破10亿美元，在总体收入中占比接近60%，已经超过了广告收入占比（见表4-1-1）。

表4-1-1　截至2018年底《纽约时报》数字订阅和广告数据

	订户数/万	全年收入/亿美元	在收入中占比/%
所有订阅	430	10.43	59.60
所有数字订阅	336	4.01	22.91
新闻产品数字订阅	271.3	3.78	21.60
全部广告	/	5.58	31.89
数字广告	/	2.59	14.80
公司整体		17.5	100.00

国际大牌媒体的付费道路走得比较早，也积累了相当的经验。从国内看，读者的需求一样是多元、分层的。

一方面，互联网特别是社交媒体的发展，激发出大量阅读需求，远远超过传统媒体的覆盖范围。阅读在传统上是少数人精心选择的行为，即使在桌面互联网时代，这一情形也并没有发生大的改变。只有到了移动互联时代，阅读与社交、游戏甚至消费的边界全面模糊化，内容形态也因之出现本质变化。由于互联网公司以高流量为最终追求，因此优先提供的是满足读者“最大公约数的需求”的内容，各种轻松消遣甚至低俗的内容在社交媒体上最为畅销，娱乐八卦、搞笑图片视频、生活交流类内容成为流量之王。近年来，算法模块兴起更使这种情形走向极化，也引起了一些争议。

另一方面，从中国市场看，高阶资讯和知识的需求逐渐凸显。随着线上跑马圈地的结束，原本线下的信息分层需求也会在线上出现，而这种超越大众性的需求本身就隐含着付费意愿。从音频、视频，到打赏、公益众筹，85后、90后新生代的消费习惯兴起，他们业已接受网络产品的付费形态。此外，新生代读者版权意识的增强以及对社会公益事业的自觉维护，也为新闻产品付费阅读的推出奠定了较好的基础。

同时，财新启动新闻付费阅读，一个不可忽略的因素是移动支付的普及。网络付费阅读目前可以做到一键付费，这对用户体验至关重要。移动支付手段的便利性，还体现为销售手段的丰富性。例如小鹅通、小程序等平台和工具，可以提供多种销售手段，包括激励用户传播的分成机制，这在一定程度上培育了集消费者和生产者于一体的“产消者”概念。

多产品矩阵　产品运营与技术投入双管齐下

财新于2017年11月6日正式启动付费阅读功能，推出了以财新通（通读财新网全网内容，同时还推出数据通、英文通和周刊通）为主的一系列产品，至2019年11月刚好两年时间。通过两年的市场开拓，截至2019年上半年，财新付费用户超过30万。更重要的是，新闻付费阅读为财新带来的订阅收入已经成为继广告、会议（论坛）之外的第三大收入来源，财新收入的“三驾马车”雏形初具。

这一进展的取得并非一日之功，而是经历了很长时间的动员和各方面准备的。

第一，财新的付费阅读内容早有先例。财新周刊自2010年上线起即为付费阅读，不仅积累了大量付费用户及相关数据，还积淀了相关技术准备。此次财新通的收费自2017年10月16日开始预热，而周刊的付费用户（298元/年，后调整为348元/年）在11月6日前均可获得免费升级财新通（498元/年）的优惠，这既回馈了老用户也激活了大量新用户。周刊付费（周刊通）本身作为一个参照系，使得财新通订阅更显超值。在财新通上线之前，面向金融机构用户的数据库产品财新数据（数据通）、面向英文读者的财新英文（英文通）也积累了相当规模的用户群。

第二，在付费阅读启动之初，独立的知识付费产品“财新私房课”已试水一年，赢得了广大用户的积极参与，复购率和用户黏度都远超同类产品。与“得到”合作、以《王烁学习报告》为代表的财新分享课，以《赤龙》为代表的财新小说界，也有效拓宽了财新的读者群，增强了读者的可选择性和获得感，这两个产品的成功亦为财新通的运营推广做出了有益的探索。

第三，财新商城早在2015年已运行，作为一个积累了初步经验的销售平台，为财新通的技术开发奠定了基础，并且随后调试了与微信、苹果应用商店等平台的打通机制以及各种支付手段间的连接功能。与线下不同，移动互联网是一个相互割据的世界，由于各个平台之间的数据不共享，因此用户订阅后的跨平台阅读成为一个巨大的技术难题。对此，财新技术团队做了充分开发工作，力求在用户体验上精益求精。

第四，对编辑部的动员和沟通工作早已展开。对以影响力为追求的编辑部而言，付费阅读容易带来传播焦虑。近年来，财新一直在内部研讨付费阅读的可行性并达成共识。对于重大、有影响力的报道，通过摘要和编辑荐读的方式扩大影响；对于公益性较强的文章，可安排先免费一定时间再收费，并提供红包功能（每个付费用户可以转发给5个读者免费阅读）。尽量把握社会功能与商业目标的平衡，同时保持对新用户的吸引力。与此同时，付费订阅对编辑部的写作规范、反应速度提出了更高要求。对于金融、商业等专业领域的报道，在议题设置上更加注重和读者的互动与反馈。

财新在近年来持续的互联网转型和新媒体实践中深刻感受到，互联网相对传统媒体的竞争优势很多来自技术和运营。

一方面是技术能力。众所周知，互联网是由技术更新推动的，技术构成了其最核心的竞争力。传统媒体以往的人才储备中缺少技术人员的累积，同时对技术的把握能力和资金投入也是不足的。在几年的转型过程中，通过不断的人才招募和持续的技术投入，财新逐步培养了一个较为完善的技术队伍。截至目前，财新传媒技术部已达80人，产品覆盖PC（个人计算机）、WAP（无线应用通信协议）和App（手机软件）三端。在传统媒体中，财新这样的技术配置确属罕见。

付费产品对平台的技术水平要求是很高的。媒体自身的平台不再仅仅满足普通的浏览、登录、评论任务，在支付、用户权限管理等诸多方面也需要做好基础建设。同时，付费订阅使得用户大大提高了对产品体验的要求和期待值，稍有不慎就可能引发用户的投诉甚至退订。同时，对以影响力为核心追求的媒体口碑也存在不利影响。

在财新通等付费产品上线前后，财新的内部技术团队做了充分的准备以及各方面的调整，包括技术底层以及开发人员的分工。付费产品上线后，也仍然需要一个持续和长期的调整过程，需要大量投入。我们深感，这个决心必须下，而且越早下越好。

另一方面，运营在互联网企业的生产中扮演着非常重要的角色，可以说是确保产品成功的关键所在。“运营”的概念脱胎于互联网企业，涵盖内容非常广泛，也因不同企业和不同产品而有所差异。但核心是以用户和运营目标为先导，在内部链接多个部门——特别是产品技术与内容部门，理解用户需求并最终服务好用户，以达成目标和使命。

财新早在2015年底便在公司内部成立了专门的运营部门，转岗和招募了一批专职的运营编辑，从内容运营、用户运营和活动运营三方面着力，在财新网、财新客户端以及财新新媒体的创立和建设过程中发挥了重要作用。

在专业机构新闻生产中，采编独立负责稿件的采写和编发，不允许跨越与经营之间的防火墙，同时采编也不会直接面对终端读者或用户。

进入移动互联时代，平台依托分发能力和用户触达能力，从渠道下游倒逼上游内容生产，迫使上游更多地理解用户，并做好自己的渠道与内容分发。这时，运营一职就应运而生且日渐重要。

财新通等新闻付费产品上线两年来，运营从“拉新”（增加新用户）和“拉收”（增加收入）两个目标，围绕用户需求，向产品技术端提出了大量需求和优化改进，同时通过多种运营手段和财新三端产品将财新通推向更多用户，并争取了更多的转化。

市场推广与用户引导

作为国内第一家全面收费的新闻网站，财新通上线之后，立刻引发了市场的高度关注。财新也相应地安排了一系列推广活动，在机场和一些商业地标，针对目标用户投放的广告，旨在突出专业新闻的价值，激发读者对于调查报道的支持，同时展示团队实力。这在一定程度上参考了国际付费新闻媒体的做法。在线上销售的同时，财新还积极发展机构用户，向金融机构的客户进行定向销售，对部分国内高校学生给予优惠。总体而言，财新积累的长期读者相对高端、专业，认可财新的价值，也视付费为对编辑部的一种有形支持，因此订阅规模迅速放量。

付费阅读的推出并不是终点，而是处于不断的优化和完善过程之中。

一方面，财新对各产品的定价策略做了优化，并在运营的过程中不断调整产品体系和结构。在付费阅读伊始，我们在财新周刊纸质版的基础上推出了周刊通，并将定价从每年298元提升到348元。随着订户群的扩大，我们发现，用户有的无法区别周刊通与财新通，且两者的价值在前者提价后趋近，于是我们将周刊通并入财新通。调整后的产品体系更加清晰：以新闻阅读为主的财新通和在新闻阅读基础上增加了数据库功能的数据通（见图4–1–1）。

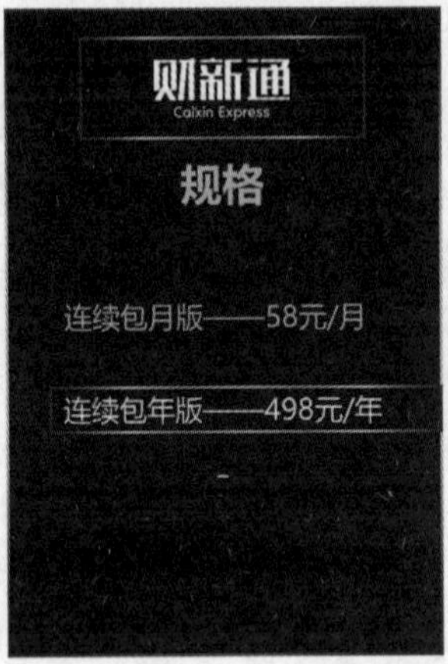

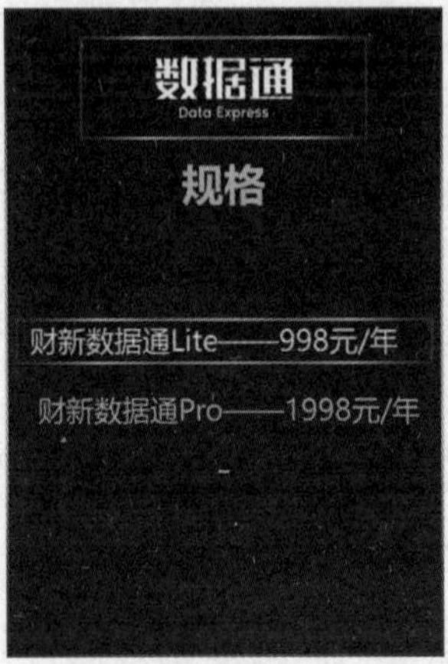

图4–1–1　财新两大产品体系财新通和数据通

另一方面，针对不同读者的需求，又开通了月订功能。针对个别需求强烈的单篇文章，也开发了单篇付费阅读的功能，并与外部平台进行销售合作。财新音视频也跟进制作相应产品。此外，财新还借助新的社交传播技术，针对金融业的垂直类用户开发了寄身于微信平台的试验性产品“我闻”，首个单品“金融人·事2018”备受青睐。至此，财新付费产品矩阵已基本成形。

从财新的付费实践来看，付费获得读者认可的基础仍在于内容本身。客观、准确、深入的新闻报道，无论是财经题材、政经题材还是社会题材，在当前的媒体市场上都是稀缺品，有着强烈的刚需特征，同时也易于激发读者的参与热情。付费功能上线之后，财新自身的报道魅力充分展现出来，诸如大资管新规、共享单车、煤改气、反腐调查等爆款报道，稳定、持续地带来了新用户的流入。因注重影响力和付费之间精细运营掌握平衡点，财新网的PV（页面浏览量）、UV（独立访客）等流量数据在最初略有下降后就一直保持稳定，2018年春节前后“免费试读”推出后更呈现微升趋势。

我们认为，这也说明，与注重实用性和垂直细分市场的一般性知识付费产品不同，新闻付费产品的延展空间、长尾效应极强，容易受到新闻热点的带动，而不是一次性爆发后便陷于沉寂。

2019年10月，财新与南方周末联合推出财新南周通——用户可以一个优惠的价格同时获得财新通和南方周末会员这两项权益。南方周末的付费会员制度推出虽然比财新通晚了一年，但它属于目前国内不多的几家尝试新闻付费阅读的机构媒体。联合南方周末，既是财新对老用户支持的一种回馈，也是希望通过这样的合作，让新闻付费阅读更加深入人心，把用户的付费习惯逐步建立和培养起来。

意义重大　前景可期　仍需努力

对艰难转型的严肃新闻行业而言，实施付费阅读可以起到以下作用：凸显原创新闻价值，抑制造假和恶炒风气，重建媒体的自身造血机制，推动“四力”（影响力、公信力、传播力、引导力）建设。相对于娱乐消费导向的社交媒体，严肃新闻媒体的使命仍然是吸引主流精英人群，构建社会主流价值，而不是简单地迎合民众的消费需求。

付费新闻因对机构媒体从采编、运营到技术的要求都很高，因此，从管理和资金投入上都需要做出战略性的布局和安排。内部运营和技术磨合是一个不断积累且漫长的过程。特别是技术迭代很快，有所落后就意味着要付出更多的时间和资金成本。但机构媒体毕竟还有采编的一大笔成本，因此，如何平衡好技术投入以做最科学和优化的选择，是个考验。

此外，线上付费阅读在中国毕竟是刚刚起步，相关配套环境仍不完备，在培育用户习惯、维护知识产权和打破平台垄断方面仍有很长的路要走。

用户消费习惯仍需培育。是否接受网络付费阅读，是“从0到1”的关键一步。事实证明，接受网络支付的用户对价格并不十分敏感；而缺乏付费意识的用户，则仍需要认知转变。此外，付费操作涉及注册、支付等流程，无论如何优化，毕竟是一种技术操作，用户须熟悉过程。

新闻内容本身不是一种功能性的应用，具有公益性的特征，因而一般读者付费意愿不高。培育付费意愿，是一个从高端到低端、从窄众到大众的长期过程。从官方新闻机构的角度，可考虑采取一定的补贴措施。目前，各机关报的经营环境日益逼仄，很多地方都动用公帑补贴报纸发行或直接补贴。其实，补贴线下发行改为补贴线上付费即可起到固本培元之效，一方面弥补机构的收入缺口，另一方面推动新闻报道付费阅读的潮流，进而以优质的新闻内容获得用户的认可，进入良性循环。

新闻产品的知识产权保护，还缺乏切实有效的法律手段。目前的新闻乱象，在一定程度上源于知识产权保护措施不力。加强知识产权保护，有釜底抽薪的功效。加大侵权者的违法、违规成本，依靠抄袭盈利的自媒体将无法自存，有助于改善浮躁、泡沫化的生态。

在技术层面，值得注意的是平台垄断问题。与PC端不同，移动互联网的巨头均以营造闭环生态为己任。无论是硬件商、社交软件还是支付工具，都各自为营、相互排斥，这使得内容提供商需要在各个平台上建设互不相通的入口，这不仅加大了内容提供商的成本，也严重损害了用户体验。事实上，互联网巨头的新型垄断行为正在引发全球范围的反思。建立互联互通、数据在一定程度上共享的机制，使得移动互联网不再成为"移动互断网"，是一个庞大复杂的系统工程，应当引起相关部门的及早关注。

最后需要强调的是，虽然线上付费阅读融合了内容、运营、技术、销售各部门，但依然应当注重媒体内部的防火墙建设。新闻与普通的知识付费不同，编辑部仍应保持自身的独立性，与运营、销售、技术部门既合作又隔离，坚持客观报道的原则。这从长期来看，也是新闻价值得以体现、付费阅读得以实行的根本。

（演讲者康伟平，财新传媒副总裁、财新网首席运营官）

案例分析

我国网络新闻内容付费模式的创新研究

——以财新网为例

近几年来，传统媒体与新媒体融合趋向常态化，《纽约时报》《华尔街日报》等国际主流媒体在信息付费领域的有力尝试，表明全球资讯市场对优质内容的急切需求。而我国网络新闻内容付费模式仍处于探索阶段。据相关资料统计，54%的人不愿为新闻信息付费，原因是可以通过互联网渠道免费获取新闻资讯。2017年10月16日，财新网宣布全平台自10月17日起启动全面收费模式，并推出融合财新网和周刊的财新通，售价为498元/年，开辟了国内网络新闻内容付费的新模式。作为内容付费的先行者，财新网勇于探索和尝试网络新闻内容付费新模式、新战略，革新力度在业界有目共睹。

我国网络新闻内容付费的发展基础

（一）5G技术为新闻内容传播营造了超时空环境

智能手机、平板电脑等新兴传输终端的出现和普及丰富了受众的移动生活，也为优质网络新闻内容付费提供了智能化多元交易载体。4G技术的普及使移动端信息填充了用户的碎片化时间，5G技术则进一步助力优质信息传播突破时空限制，使新闻信息从单向传播转变为多向传播。截至2019年6月，中国移动与中国联通两大运营商对外公布的首批5G网络覆盖城市达40个，2020年我国有望实现5G网络全面覆盖。

（二）精神消费升级推动新闻内容付费崛起

网络新闻内容付费概念的兴起得益于用户对高品质信息消费需求的提

升。在数字时代，移动场景和业余时间分层化不仅催生了多样化信息消费需求，也促进了新闻付费模式的创新与完善。在"互联网+"时代下，信息内容创作门槛进一步降低，新闻资讯以更高效、便捷的形式进行传播，云存储、人工智能等高新科技为新闻信息传播与制作提供了技术支持。信息流量池的不断扩容，使受众加大对高品质新闻信息的需求，拥有一手独家资源的新闻单位也积极将自身信息资源向外衍生变现。依托受众精神消费升级的主流趋势，新闻信息付费理念逐渐深入人心。

（三）版权保护意识助推付费网络新闻生产

新闻内容付费的核心商业价值在于资金流通，而资金流通依赖于国家和政府在法律层面对新闻知识产权的重视力度与制度认可。针对这一制度保障需求，我国在著作权法中明确规定了著作方应享有的合法权益，其中就包含信息网络传播权。近年来，我国在严打网络信息侵犯违法行为上进行了大刀阔斧的行动，从2013年的钱锺书书信手稿案、2015年的琼瑶诉于正抄袭案，到2019年的斗鱼直播侵权案，让媒体界看到了司法在版权保护工作上的态度和决心。

此外，国家网信办、国家版权局、公安部、工信部多年来联合开展了针对网络侵权盗版的"剑网行动"，"剑网2019"专项行动尤其加大了对新闻版权执法的监管力度，着力规范新闻行业版权秩序，积极应对人工智能、5G技术、区块链等带来的挑战，深化媒体融合发展版权专项保护，为高品质付费新闻制作传播保驾护航。

财新网在网络新闻内容付费阅读上的有力探索

2010年，财新网正式上线，致力于向受众提供优质专业的财经新闻。作为国内首家启动网络新闻内容全面收费的新闻媒体平台，财新网在知识付费领域进行了积极探索。截至2019年上半年，财新已拥有超过30万付费用户，其中包括20万数字订户，付费内容覆盖机构用户近百万，月平均访问量过亿。从2019年续订情况看，这些数据继续保持增长态势。

（一）基于多样性受众需求，推出"四通"优惠订阅专享计划

基于各类用户需求，财新网推出了"四通"优惠订阅专享计划。"四通"即财新通、周刊通、数据通和英文通。财新通包括财新网每日新闻以

及周刊通所有权益，周刊通用户能够多平台无障碍地阅读《财新周刊》全部版权内容，数据通整合了周刊通和财新通的全部权益，英文通涵盖财新网英文平台Caixin Global的全部版权内容，并享有周刊通和财新通的所有权益。

收费升级后，财新网主体新闻设置为“系统收费+分时段收费”模式，即48小时内免费阅读，然后根据附加时段分层收费。在此基础上，财新网还充分考虑大众消费需求，将相当一部分新闻内容进行零收费传播，主要包括常规性新闻、图片、视频、博客以及部分专家和大V的评论和观点等，在“四通”模式不断优化升级的同时，保障受众的基本信息需求。

（二）坚守新闻内容生产权威性，搭建衍生品矩阵，完善付费体系

新闻内容付费最重要的盈利点在于它的版权独有性和不可替代性，财经类新闻对权威性和专业性则有更高要求，财经类媒体只有抓住产品痛点和卖点才能实现内容增值。财新网在财经新闻领域的行业地位和内容实力，使其有资本和信心对受众进行信息收费尝试。

在保持内容权威性的基础上，财新网注重开发多元化产品形态，以扩大受众市场占有率。除了提供基础性财经信息和行业相关专业数据，财新网还开发了具有高附加值的线上服务：一是付费产品“财新私房课”，2018年推出后得到众多新老客户认可，复购意愿高；二是与“得到”App共同开发的图文专栏分享课《王烁学习报告》，上线四天就被抄袭式传播；三是参与联合出品的悬疑类历史小说《赤龙》并在财新网上连载，广受网友好评。一系列衍生产品矩阵既拓宽了受众的选择空间，也增强了用户黏度。

此外，财新商城也是财新网提升内容价值、拓宽衍生产品渠道的有力尝试。财新商城从2015年起正式投入运行，逐步调整其与各大平台的联通机制，并与各类线上支付手段有效联动，紧跟时代发展潮流，进一步增强了受众的体验感和归属感。

（三）增强知识产权保护意识，优化新闻内容付费模式

媒体融合向纵深发展，信息流通频率加快，给新闻资讯的知识产权保护问题带来安全隐患，加上喜马拉雅FM、知乎等大量知识付费平台的逐

步发展和完善，让受众意识到高品质知识的版权价值，知识产权保护意识也逐渐深入人心。财新网的受众群主要是高素质、高学历、高收入的知识分子，这类用户更具知识产权保护意识。

在新闻内容付费模式上，财新网坚持公共利益至上的原则，把一些基础性的原创现场新闻和有共享价值的高品质内容免费向公众输出，而对一些特稿则采取事后收费机制，即让读者先免费阅读这些特约稿件，当读者需要进行检索或转发时，再收取一定的费用。财新网数据通还开设了企业库、人物库、股票、债券等六大版块，开发制作了5G、股票估值模型、量化投资、财务分析等私房课，并设置单课和整课两种订购模式，在信息收费方向逐步完善和优化。

此外，财新网针对不同用户的产品体验进行调查研究，判断用户对分时收费模式的接受程度，然后根据反馈建构完善的信息付费机制，改善计量收费模式。财新网不仅对企业机构和个人用户开设不同层级的新闻内容付费模式，还通过与社交媒体合作挖掘和开拓社交用户市场，提升其新闻内容付费模式的多元化和灵活性。例如，用户只要分享付费新闻到社交平台就可免费阅读，增加红包分享、金币试读等功能，在增强受众付费阅读主动性的同时调动其分享知识的积极性。

我国网络新闻付费的创新模式探索

并非所有媒体都能在新闻付费领域站稳脚跟，要让习惯于互联网新闻免费阅读的受众为优质新闻主动付费，仍需一个长期的过程。因此，新闻媒体平台要想靠信息内容付费获得堪比广告的收益，就要在传播价值、服务模式、受众需求上下足功夫。

（一）坚持内容为王，提升信息传播价值

新闻的经济价值决定于三大变量：内容品质、技术含量、市场适应性。在这三大要素中，最核心的要素是内容品质。新闻内容尤其财经类新闻若想让受众主动付费，必须具备高度的独有性、前瞻性和不可复制性。媒体机构在开设付费模式前，首先要保证内容质量的高质和独家；其次要对新闻用户进行市场细分，根据受众的年龄、性别、职业等消费属性归纳出用户分类需求，并针对受众的分类需求挖掘新闻产品卖点，实现传播内

容的高度稀缺性，提升信息传播价值。

（二）精准划分受众市场，创新新闻内容付费形式

谷歌的首席执行官施密特曾说，“新闻业要想创新，就必须以用户需求为核心进行延伸”，这句话也适用于网络新闻付费模式的创新升级。受众倾向于为与自身习惯、行业领域、个人喜好相契合的内容买单，这就要求新闻机构转变内容运营理念，从以往的“被动填塞式”转变为“主动供给式”，根据受众多元化、个性化的知识需求打造针对性强、专业度高的定制新闻，并根据受众付费行为分析和挖掘受众潜在需求，创新新闻内容付费形式，将目标用户培育为忠实粉丝。内容传输要实行差异化流通策略，做好衍生服务的领域细分。

在新闻内容付费形式上，根据国外新闻媒体付费阅读经验，按照阅读内容进行点对点单篇结算的微支付模式，更适合对内容付费较为谨慎且阅读时间碎片化的国内用户。基于此，荷兰Blendle公司的做法值得借鉴。用户使用该公司的信息网站或新闻类应用软件时，可为单篇文章支付费用，而不必包月或包年订阅。用户还可针对自身感兴趣的话题创建专属话题域，当其对话题域中某一新闻标题感兴趣时，可为继续浏览支付小额费用。受众的点击频率越高，该话题域的收益也越高。

（三）加强新闻产品知识产权保护，培育受众知识消费习惯

当下各种新闻乱象层出不穷，一部分原因是自媒体、社会媒体和第三方对新闻内容知识产权的忽视，大量非原创方运用复制、抄袭、二次创作的手段将专业权威的新闻报道改编为戏谑、低俗、猎奇的软文故事，以此来迎合部分受众的低级趣味，这种“低投入、高流量”的做法导致信息生产模式畸形变质。因此，相关机构要加大对新闻产品知识产权的保护力度，在法律上和制度上加大侵权者违规成本，改善低迷浮夸的泡沫化内容生态池，构建合法、系统的知识产权保护体系，保护原创内容的合法权益，探索符合中国本土新闻业发展的知识产权保护架构。

对我国新闻业来说，网络新闻从免费阅读到付费阅读是一个从无到有的过程，从整体情况来看，具有网购、网络小说付费习惯的年轻白领群体更容易接受新闻知识付费，而缺乏网络付费习惯的中老年用户则需要进行认知上和观念上的转变。此外，长期以来互联网以免费内容换取超额流

量的商业模式，也给公众造成“新闻内容就应当进行免费传播”的思维定式：新闻信息是公益性产品而非功能性商业产品。因此，新闻机构要立足传播源头，从制度和模式入手，培养受众对高品质新闻的消费习惯，增强其对专业性新闻内容的付费意愿，进而完成由上至下、从个体向大众扩展的知识付费攻坚工程。

从发展趋势看，网络新闻内容付费创新模式已经具有一定受众和阅读市场：一方面，内容付费理念逐步在国民意识中站稳脚跟，受众阅读消费心理积极改善；另一方面，在互联网时代下，各类优质内容平台传播门槛向下延伸，在未来信息社会，高品质内容和高素质媒体人有可能成为媒体领域的稀缺资源，高级化、个性化的新闻内容定制服务也会逐步成为信息市场上真正的热卖品。

（作者肖万宁，贵阳学院文化传媒学院副教授）

专家点评

期待新闻付费阅读从单兵突进到全行业协同作战

在传统媒体的数字化转型中，从难度梯度来说，产品创新相对容易，业务流程再造次之，最难的无疑是商业模式的革命。但这是必须闯的一关。所谓革命，其实是革传媒自己的命。在过去“二次销售”模式下，广告收入成了养活新闻机构的主要收入来源。如今广告、发行齐齐断崖式下跌，但革命还是只能走这两条道。需要争取数字化广告，但和互联网技术公司竞争，至少在目前近乎缘木求鱼。对专业的商业媒体来说，主要的出路很明确——做大数字化订阅。要不然就放弃自己商业机构的属性，被财政或者其他机构“包养”。

坚守独立立场的财新，这一点看得非常清楚，在2017年底率先推“新闻付费”，具有行业开拓性的意义。截至2019年上半年，财新已拥有超过30万付费用户，其中包括20万数字订户，这是一个可喜的数字。随着在2020年初新冠疫情报道中的杰出表现，相信财新的付费用户也有不小的增长。

值得重视的是财新的实践在中国新闻业整个“职业社区”中的意义。在这样一个事关行业未来的议题上，财新不应该是单兵作战的独行者，不应是特例。一直以来，财新团队也非常重视团结业内同道。2019年10月，财新联手南方周末推出的财新南周通，即代表了业界在新闻付费阅读上的协力。希望有更多新闻机构加入，共同营造一个健康的新闻付费阅读环境。

只有在商业上实现可持续运营，专业媒体的数字化转型才能算得上成功。只有通过数字化订阅来转变过去以广告收入为核心的商业模式，媒体才能保证自身的独立性，这种独立性是为公共利益服务的根基。

（作者刘颂杰，中山大学传播与设计学院副教授、新闻系副主任）

05

网易新闻《人间》

网易新闻《人间》是国内新媒体平台非虚构写作领域的深耕者，定位于“每个人都有值得讲述亦值得倾听的故事”，立足于用户提供内容，致力于发掘和呈现不同代际、不同地域、不同阶层、不同教育程度、不同性格个体的不可替代或复制的生命故事，以事实之真和情感之真的求真精神和叙事追求，通过广泛而多元的当事人第一视角，聚焦时代与社会变迁中具体的人及故事，令读者仿似亲临现场。一个个小人物讲述“人间”故事，传达社会蓬勃发展过程中个体的真挚生命体验与情感。

主题演讲

UGC非虚构写作对于当下中国社会议题的深度呈现

一切都是以求真为起点的

从过去一个世纪以来的新闻史研究角度来看，我们当下所拥有的将“非虚构”这种新的文本形态放置于“故事”与“新闻”的定位和探索，在过去半个世纪以来已经被无数次深度探讨过。

从诞生时起，非虚构就是将新闻和文学捆绑在一起的：它既是对传统纸媒时代新闻写作的一种叛逆，又是在新闻报道形态上的一种外延；从写作角度和技术上，非虚构既让文学领域接纳、认可了它是一种文学类型，又自带新闻价值属性——这个层面又决定了它不能按照传统文学唯美学价值的标准去简单评判。

正如20世纪60年代非虚构初次在美国诞生和壮大一样，在近10年来的中国，经济高速增长带来文化繁荣，社会的结构性变革以及依托互联网产生的多样化文娱形式的兴起所带来的转变，使得非虚构作为一种新鲜的写作方式，既打破新闻与消息的刻板，又赋予了文字可读性和文学性的双重价值，加之商业力量加持，最终形成了一个可以推广和贩售的概念。

既然这一切都不是完全新鲜的，我们便可以将美国非虚构写作者们对于这种文体边界所达成的共识放置在当下——即真实性是首要的、不可触碰的红线。

最为中国读者所肯定的美国非虚构作家彼得·海斯勒，在2015年接受采访时说的话就极具代表性：“非虚构即真实，不可编造。过去，美国的一些非虚构文学作者也会编造一些文学场景，一些‘复合型人物’。约瑟夫·米切尔、杜鲁门·卡波特等许多作家都曾经这样编造过。但是时至今日，非虚构文学已经不再接受这种编造行为……我不会更改叙事内容的细节和顺序。”

在网易《人间》工作室2015年创立伊始，创始人、作家关军老师就曾如此写道：“无论什么时代，对一个故事而言，‘这是真的’都比‘这是假的’有着天然的优势，其优势之大，需要了不起的想象力才可以弥补。到了此时此地，‘真’的优势更大了，甚至很多时候人们会觉得一个现实版的故事超乎想象。而‘网易人间’非虚构写作平台应运而生，唯有求真——事实之真与情感之真共举——才造就了这样一个平台。”

记录历史，记录直达人性的拷问

2015年阿列克谢耶维奇获得诺贝尔文学奖至今，诺贝尔奖的刺激，加之国内舆论环境的变化，以及移动互联网带来的传统纸媒的转型，使一批媒体人和商业力量一起进入到非虚构写作中来，互联网媒体也视“非虚构”为一个文化产业的“风口”，纷纷成立非虚构内容平台。

随之而来的是接下来的几年，有将这个概念限定于专业媒体人或作家写就，以社会新闻/事件或个人兴趣为出发点，加之以沉浸式采访和故事性写作的雕琢而成的特稿作品；也有在商业利益的推动下，将非虚构写作简化为“讲故事”，单纯追逐猎奇和刺激，不再强调非虚构作为文学写作方式对时代层面、社会层面应该承担的责任和人文关怀。而打着“非虚构”的旗号，拼凑、编造虚假故事以博取公众同情或挑拨大众情绪的内容制造商，在不断下沉的内容市场中层出不穷。

如此看来，现阶段的中国与20世纪60年代的美国最大的不同之处，无疑是移动互联网的全球化普及。网络世界给了每个普通个体表达的空间，实现了某种程度上更加多元、丰富的内容表达。一方面，这远远不再是过去大众视野内，有且仅有的带有政治诉求的体制内精英和带有社会改良诉求的知识分子的两个层次的话语；另一方面，这也为这一在中国兴起时间不长的概念日渐走向稳定并拓展更多元化的发展空间提出了一个不小的挑战。

但即便如此，有责任的平台与媒体依旧会坚持将非虚构作品的核心落点放置在“记录历史”上。也就是说，每一个作品的最终指向，都是被裹挟进大历史时代里的个体所面对的困境和选择，是具备超越时空、地域、种族、意识形态，直达人类和人性层面的拷问，每一作品至少都在尽可能地朝此方向靠拢。2020年初遍及全球的疫情中，具备典型非虚构特征的“口述”记录在各个媒体平台上的广泛传播，也从另一个角度印证了这一核心落点。

在某种程度上，关于非虚构写作如何克服新闻议题的速朽性，如何具备文学作品议题的永久性，强调忠于现实的新闻写作要求与强调高于现实的文学艺术性的写作目标要如何统一，在一大批中国本土作家如梁鸿、慕容雪村、李娟等已创作出一批基于中国当下时代背景、优秀的非虚构作品的基础上，精英化写作的范式能否被成功复制或学习等问题依旧需要在实践中寻求答案，但正如在国内首先扛起非虚构旗帜的文学评论家李敬泽所说：“大家先去探索，跑马占地，播下种子，看看能长出什么再说。”

所谓非虚构，在当下依然具有无限可能。

UGC的深层次意义

也是在非虚构写作概念最热的前后，网易新闻《人间》平台与其他多家文化、媒体、互联网公司的非虚构写作平台应运而生。

与传统新闻媒体的OGC（occupationally-generated content，职业生产内容），或者垂直领域、专业机构的内容产出商所采取的PGC（professionally-generated content，专业生产内容）不同，5年来，网易新闻《人间》一直坚持以“每个人都有值得讲述亦值得倾听的故事”为核心理念，这也为网易新闻《人间》一以贯之地以UGC（user-generated content，用户生产内容）为核心来运行奠定基础。

而UGC形态的非虚构写作是希望，这一写作形态不仅在于推动一个小圈子里既有的热闹，还立足在一个更高远的目标上——每个人都有值得讲述也值得倾听的故事——力求发现和发动更多讲述者，通过更广泛的当事人视角，对社会议题呈现职业媒体人或专业内容所欠缺的多元化视角。

例如，网易新闻《人间》2019年推出的“寻业中国·Work in China”主题系列，以工作这一大多数中国人生活中最为重要的话题为核心，邀约各行各业的读者，记录自己以及身边的人与工作有关的故事。通过对这一与生存直接相关的主题，讲述几代中国人不断适应时代变化、不曾停歇也不能停歇的故事，也将此作为一块棱镜，折射出不同代际、不同地域、不同阶层、不同教育程度、不同性格的个体多元多样的三观。2017年推出的“人间有味”主题，则通过书写人与食物的相关记忆，展示了中国大江南北从20世纪的30后至21世纪的00后的时代味觉记忆。这些内容，也仅能通过一个UGC平台才能实现。

“普通作者投稿+编辑修改”的内容生产模式，从1936年茅盾倡导主编的《中国的一日》到20世纪最后20年，一直是较传统的大众写作呈现形式。而今，网易新闻《人间》依然延续此种形式，并没有因为互联网科技的进步和发展，而在内容筛选机制及与编辑反馈流程上产生太大差异。在某种程度上，它依旧仰赖个体的独特性，并不具备完全的可复制特征。

也正因为如此，才使得带有较纯粹的个人风格、回忆录式或体验式的内容具备不可替代性，并在后续延伸上具有独占性的版权延伸价值。

5年来，网易新闻《人间》在近10万篇投稿中精选出2000余篇作品，并于每日在全网多个平台同步刊发，结集出版图书5本、电子书30余本。已在UGC模式稳定产出的基础上加以有效的培训指导，保证内容质量的持续提升。

多元化的呈现和商业拓展

随着公众获取内容的不断多元化，网易新闻《人间》也并没有将优质内容止步于以文字和图片的形式呈现。在非虚构行业不断拓展并逐渐被公众认可和接受的今天，优秀的非虚构作品所具备的商业化前景更在不断被商业市场做印证。

截至2020年，网易新闻《人间》每年至少有8部作品与国内大影视公司达成院线电影版权合作，数百部作品转化为音频、漫画、短视频等形式，在相关垂直平台上进行多种形式的内容输出。在保持稳定商业化收益的基础上不断探索，使得每一个带着个体生命价值的文字作品以更丰富的表现形式展现给更多受众。

高标准的非虚构作品本身就是标杆，吸引有创作追求的作者去自觉对标；而更为广阔的商业空间，更会直接推动UGC非虚构写作进入良性循环，之于作者，更是之于平台，反哺高质量内容的产生。

我们依旧寄希望于未来，非虚构写作能够真正摆脱互联网端阅读时代给大众带来的标准偏差，在这个浮躁的时代真正沉淀出属于我们的珍珠。

（演讲者沈燕妮，网易新闻《人间》工作室主编）

案例分析

网易新闻《人间》特写中的人物建构特点

短、平、快的内容推送日趋饱和，原创、深度类的内容产品越来越受到新闻门户网站的重视，一大批优秀新闻网站推出了自己的深度报道栏目，网易新闻的《人间》栏目以“活在人世，看见人间”的栏目定位、丰富的内容类型、稳定的内容输出，成为网络媒体中深度内容报道的典型。

本文对网易新闻中《人间》特写的稿件进行抽样分析，抽取2016年6月至2017年6月中每个月评论最高的12篇文章。这些文章全都体现了事实框架、冲突框架和人情味框架，也符合事件类或人物类深度报道的规律。人物的肖像描写和语言描写是新闻报道中建构人物最常见的描写手段，通过灵活真实的描写，让用户感受到人物的画面，也使得人物的形象更加鲜明。同时，这一描写也将为报道的主题服务。

生活在社会底层的可以说是最不起眼的一群人。在《人间》特写中，这种类型的人物占了七成，在人物选择上有鲜明的阶层特征。此外，本文抽取的12篇报道中大多数人物都有较为鲜明的人物性格。《人间》特写中人物的建构方式有如下几种：

沉浸式新闻的文字实践

沉浸式新闻是在媒介融合背景下产生的形式，一般是指在虚拟技术手段支持下进行新闻报道。这种报道手段可以让受众获得更加丰富和多元的信息，让用户对新闻场景和新闻人物有更加真实的体验，让用户在某种程度上无限接近新闻现场。

在《人间》特写中，虽然没有虚拟技术的支持，但是这些新闻报道有很多出自见证者或亲临者的视角。比如在《吊死在儿子饭店门口的母亲》

一文中，作者是当地民警，对于这母子三人的恩怨和事情发展有着记者难以达到的了解深度，并且亲眼见证甚至亲身参与事件的进程。文中写道："派出所里，做着笔录的刘老太正哭天抢地，'首饰是我的嫁妆，这辈子多苦都没舍得卖，没想到被挨千刀的小偷拿走了……警察同志啊，你们一定要帮我追回来'。"

作者以一个在场者和参与者的身份进行叙述和描写，这是新闻记者无法做到的，这样的场面也是非亲历难以刻画的。这样的写作视角更容易建构一个加生动鲜活的人物形象，在让人物更加立体的同时拉近用户与人物的距离。虽然这样的文字描写不如现场视频来得真切，但在条件有限的情况下，这种写作方式就像是将用户的眼睛安装在作者身上，替用户感知新闻现场。

对"典型人物"的突破

中国典型人物报道发端于20世纪40年代，一直是新闻人物报道中的重要组成部分。典型人物报道具有高度的正面宣传意义，典型人物报道着重揭示先进人物的精神境界，通过写人物的先进事迹反映人物的先进思想，使之成为社会的共同财富，同时也报道转变中的人物和某些有争议的人物。典型人物往往具有优秀的品质和崇高的理想信念，被树立为学习的榜样。

在《人间》特写栏目中，并没有以往传统报道中的典型人物塑造，反之而建构的都是"小地方的小人物"，为满足温饱而苦苦挣扎，心中并没有远大的理想和纯洁的信念，所想的不过是眼前的苟且，更多担心明天怎么生活，他们甚至是犯罪的反面人物。在《无从辩解的罪恶》中，主要人物阚君是一个因为故意杀人罪和抢劫罪而入狱的犯人，报道中建构的是一个冲动愚蠢甚至猥琐的形象。但即使对于这样一个被大家称为"坏人"的人，报道并不是站在批评和指责的角度，反而是通过一系列事件的描写把他建构成一个虽然犯过罪但有血性又很可悲的人物。这样的人物虽然不会被大家称赞和学习，但是更能引起他人的关注和同情。

就像优秀的戏剧和文学作品一样，悲剧人物总能给人留下更深刻的印象。同样，在《人间》特写中，新闻报道的主要人物往往都走向了悲剧性的结局，无论这个人物本身是悲观还是乐观，其命运都能引起读者的强烈共鸣。

在《45号病房里的西安人》一文中，主要人物李建利的伤病、韩宠光的困惑、江雪的羞耻感共同使整个事件带着悲剧色彩。报道中的主要人物李建利是一个视车如命的人，同时也和妻子共同经营一个收入可观的生意，夫妻二人还经常出门旅游，过着幸福安稳的生活，但是一次旅行将这一切美好全部撕碎。人物命运的走向是建构人物的重要一环，这更加符合新闻报道中的故事性和剧目作品的戏剧性，较为悲惨的人物结局更能引起大家的同情和关注，也就更受用户欢迎。但值得注意的是，这种悲剧性色彩不只体现在新闻报道中，在用户的评论中也可见一斑，从某种程度上理解，这种悲剧色彩迎合了当下的“丧文化”。

总结和思考

通过以上分析可以看出，《人间》特写栏目在建构人物时大体上是符合新闻业务采写方法的，事实框架、冲突框架和人情味框架仍然体现在其事件类或人物类新闻报道中。同时，直接引语和间接引语的使用也依然是建构人物的方法之一。不同之处在于，报道中人物的结局往往更加凸显悲剧性的命运色彩。另外，沉浸式的新闻文字实践、对典型人物的背离和反叛，以及浓厚的悲剧色彩是《人间》特写栏目的重要特点。

门户网站的深度新闻写作目前正成为一个汹涌的浪潮，仿佛也成为门户新闻网站在内容争夺上的一把利剑。用户可以看到更多优秀的深度报道文字，也会激励各类媒体生产更多优秀的深度报道，这些都是可喜的现象。但是，作为媒体从业者，是否应该一味迎合用户的需要，被用户和流量裹挟着前进？网易新闻《人间》特写栏目的主要用户是85后、90后，其栏目报道符合用户的定位，但是这种悲剧性故事是否会加剧消极情绪的蔓延，也是值得媒体考虑的。

（作者张景南，武汉大学新闻与传播学院硕士生）

专家点评

书写个体的生命故事，做时代的记录者

作为国内新媒体平台非虚构写作领域的深耕者，网易新闻《人间》定位于“每个人都有值得讲述亦值得倾听的故事”，重新定义非虚构写作的无限可能，探寻和思考“故事”、人与社会之间的共鸣关系。

网易新闻《人间》立足于UGC，即用户生产内容，致力于发掘和呈现不同代际、不同地域、不同阶层、不同教育程度、不同性格的个体的不可替代或复制的生命故事，以事实之真和情感之真的求真精神和叙事追求，通过广泛而多元的当事人的第一视角，聚焦时代与社会变迁中具体的人及其充满生命体验的故事。通过一个个灵魂叙事者讲述的“人间”故事，书写社会蓬勃发展中饱含个体生命体验与情感的生命故事，进而对故事背后的社会议题做出职业媒体人或专业内容所欠缺的多元化视角的体验和呈现，以及深入而切身的社会性的观察和思考，从而深度呈现社会议题，做时代与历史的记录者。

（作者陈刚，武汉大学新闻与传播学院教授、博士生导师）

06 科大讯飞智能语音技术

在当前世界科技产业竞争格局下，人工智能处于中美齐头并进的双头格局。科大讯飞自1999年就以智能语音为入口，开始人工智能的核心源头技术研发和产业化落地探索，践行“让机器能听会说，能理解会思考，用人工智能建设美好世界”的使命。科大讯飞坚持“平台+赛道”的发展战略，行业赛道已覆盖消费者、智慧教育、智慧城市、智慧司法、智能服务、智能汽车、智慧医疗、运营商等多领域，持续推动人工智能技术在各领域的产业化落地和产品化应用，以解决社会真正的刚需。其在传媒领域的应用体现为，通过人工智能技术和应用赋能“采、编、播、审、存”的新闻生产全流程，如通过讯飞智能录音笔将采访内容准确转录成文字记录，通过讯飞听见智能文稿字幕唱词系统改变传统电视节目生产模式，通过多语种人工智能虚拟主播接替真人主播进行节目播出，运用新型广播电视媒资生产管理平台对采访录音、视频、内部节目以及文稿文档等媒体素材进行归档和检索。

主题演讲

你的世界，因AI而能

——人工智能在产业落地和媒体应用的探索

我今天演讲的题目是《你的世界，因AI而能》，和大家分享一下人工智能技术和产业的最新进展，以及人工智能技术如何在媒体领域应用。首先，我们来看看当前世界科技产业竞争格局是怎么分类的？

世界科技产业竞争格局：人工智能领域齐头并进

目前的世界科技产业竞争格局究竟是怎样的呢？

这可以分为四类：第一类，是美国占据垄断地位。最典型的就是芯片和操作系统这“一硬一软”两大产业。一般人往往觉得美国特别强大，其实主要就是因为这“一硬一软”，因为你平时用的手机、计算机都离不开芯片和操作系统。芯片和操作系统是两个非常核心的产业，我们应该下定决心，付出巨大的努力去攻克这两个核心产业。第二类，是多国竞争，而中国是一个重要跟随者。这样的领域很多，例如机械、石油、航运、飞机、手机等等。值得注意的是，这里竞争的多国当中不一定包含美国。因此，你如果是一个美国人，也会很有危机感，美国并不像许多人感觉那样全面领先。第三类，是多国竞争，而中国是领先者。这样的领域还不是特别多，但是已经有了一些，例如通信、高铁、港口机械、民用无人机、数字安防。作为一个后发国家，中国的巨大成功就在这里。我们对中国的信心，很大部分来自这些成功经验。第四类，是双头格局，一般是中美两国远远高于其他国家。典型的应用领域有两个，即互联网和人工智能。世界前十大互联网企业中，美国有6家，中国有4家，其他国家一家都没有。为什么会这样？一个原理性的原因是，网络是边际收益递增的。也就是说，一个网络中现有用户越多，一个新用户从网络中得到的好处就越大。再来看人工智能。在这方面，中国和美国的论文数和企业数都远远超过其他国家。由此可见，在整个世界的科技产业竞争格局中，人工智能处于中美齐头并进的双头格局，这对我们国家来说是重大的时代机遇。

那么，大家势必都很关心中国的人工智能到底发展到怎样的程度。实际上，2017年7月，国务院就印发了《新一代人工智能发展规划》（下文简称《规划》）。《规划》写道，我国在人工智能领域取得了重大进展，语音识别、视觉识别技术世界领先。

大家知道，科大讯飞自1999年就以智能语音为入口，开始人工智能技术研发和产业化落地的探索。21年来，我们坚持“顶天立地”的发展战略，践行“让机器能听会说，能理解会思考，用人工智能建设美好世界”的使命。

技术顶天：推动人工智能的关键里程碑

在“技术顶天”方面，科大讯飞在最核心的语音合成、语音识别、机器翻译这三个领域中一直保持世界领先。不仅如此，我们在机器阅读、机器推理、图像识别等领域也有着世界领先水平。

人工智能技术从“能听会说”的感知智能迈向“能理解会思考”的认知智能，其中就包括由科大讯飞推动的人工智能关键里程碑技术。

2012年，在国际语音合成大赛中，科大讯飞让机器首次超过人类说话水平；2015年，在公证人员的见证下，科大讯飞的机器语音转写首次超过人类速记员；2016年，在中英文口语作文评测中，科大讯飞让机器首次达到人类专家水平；2017年，科大讯飞医考机器人“智医助理”成为首个通过国家执业医师资格考试医学综合笔试的机器人，超过96.3%的人类考生；2018年，在机器阅读理解挑战赛SQuAD上，科大讯飞刷新世界纪录，并在EM（精准匹配率）得分上超过人类平均水平，另外在中英文口语翻译上首次达到大学英语六级水平；2018年11月，科大讯飞机器翻译系统参加全国翻译专业资格（水平）考试CATTI，达到英语二级“口译实务（交替传译类）”和三级“口译实务”合格标准，基本接近专业译员水平；

2019年3月，在机器阅读理解国际权威评测SQuAD 2.0比赛中，科大讯飞再次登顶，并同时在EM和F1（模糊匹配率）两个指标上全球首次超越人类平均水平，一举创下比赛全新纪录。2018年至今，我们一共获得了22项国际第一。

我们认为，拥有核心技术才能拥有话语权。只有掌握了核心技术，企业才能在人工智能这条赛道上始终占据领跑优势。从1999年成立以来，科大讯飞始终坚持以技术创新为导向，不断投入大量科研经费，最近连续6年研发支出占营收比重均超过20%，属于行业内高水平。

应用立地：三大标准衡量人工智能红利真伪

人工智能等引领技术的贡献可以用“蜜蜂模型”来解释。中国的蜂蜜市场规模每年不到人民币100 亿元，但蜜蜂的价值并不是酿蜜而是传粉，蜜蜂对农业有不可替代的重大贡献。人工智能对其他产业的作用，就如同蜜蜂对各种农作物一样，其最大价值就是赋能。人工智能不是单项技术，实际上是计算机和其他信息技术的集成应用。在实际应用中很难分清楚哪些是人工智能应用，哪些是一般计算机技术应用。人工智能技术渗透到各行各业，将促进社会方方面面的变革和技术升级换代，从数字化、网络化走向智能化。

那么，人工智能到底能帮助我们做什么？主要表现在以下两方面：第一，通过人工智能改变我们和机器的交互方式，实现人机无障碍交流。在万物互联时代，在远场、移动、无屏的场景下，以语音为主、键盘触摸为辅的人机交互方式已经到来。第二，通过人工智能学习顶尖专家知识，从而超越90%的普通专业人士，人工智能可以逐步代替简单、重复的人类劳动。

人工智能技术对社会产生的价值，是通过产业化落地来兑现的。我们认为，人工智能红利兑现有三大衡量标准：第一，必须有看得见、摸得着的真实应用案例；第二，要有能够规模化和可推广的对应产品；第三，可以通过统计数据去说明应用成效。从2019年开始，我们在越来越多领域看到人工智能应用的成功案例。

在“AI+教育”领域，科大讯飞通过人工智能将因材施教真正落到实处。我们的产品通过数据分析，能获得每一个学生知识点图谱的精准画像，为每位学生提供个性化诊断和试题训练，帮助他们提高学习效率。我们的产品已经运用在35,000多所学校，为1.4亿师生提供了教学服务。以讯飞学习机为例，自2019年5月21日发布以来，平均日活率为45.7%，学生知识点掌握效率提升286%，学生作业平均时长也明显缩短。

在“AI+医疗”领域，我们用人工智能助力健康中国的建设。科大讯飞“智医助理”2017年高分通过国家执业医师资格考试医学综合笔试，使机器首次具备了全科医生的潜质。2018年11月，“智医助理”已在安徽省全面试点应用，上线至今，平均每天提供1.1万次辅诊建议，辅诊建议和人的判断一致率是89%；在11%的不一致中，后来证明三分之二是机器正确，而且现在这个比例越来越高。目前，“智医助理”已经推广到安徽省66个县区。

在“AI+司法”领域，我们用人工智能推动公平正义。科大讯飞跟上海市高级人民法院去年启动了刑事案件智能辅助办案系统。通过认知智能的算法，对案件进行辅助分析。对于一个刑事案件，关于证据链是否完整、有没有自相矛盾的内容、案件涉及的法条是什么，系统会从海量案例中找到类似案件，给法官提出判多少年、罚多少钱、定什么罪名的建议，最后由法官来做决定。目前这套系统在实际应用中持续学习和迭代，不断取得新的成果。系统已在上海常态化运行：覆盖上海刑事案件常涉罪名102个，提示证据瑕疵7873个，民事商事系统案件数量9456件，累计生成法律文书5941份，在山西、安徽、云南、福建等7个省市开展了推广应用。

在“AI+翻译”领域，我们用人工智能实现人人沟通无障碍。例如，我们的翻译机3.0已经实现中文与58种语言的即时互译，支持医疗、外贸、体育、金融、能源、计算机、法律、电力这8大行业AI翻译，产品已覆盖近200个国家。另外，它涵盖的词库规模扩大了1倍，一次翻译任务在0.5秒内就能完成，翻译模型容量增加105%，离线语音识别训练模型规模扩大5倍，有助于不同国家间的商业合作和文化交流。

人工智能技术对媒体产业的赋能与革新

今天在座嘉宾大部分是从事媒体行业的，那么我们的人工智能技术是如何赋能媒体的呢？

我想先分享一下2019年我们打造的一个爆款产品。我们和央视网合作中华人民共和国成立70周年线上宣传“课本里的新中国”的H5，通过科大讯飞的智能语音技术，与中央广播电视总台主播邀请大家一起朗读课本。这样，用户与主播共同朗读学生时代讲述新中国发展变化的课文，并通过科大讯飞语音识别技术进行用户朗读内容筛选，再通过科大讯飞语音合成技术对语音进行合成美化，形成一段完整的课文朗读音频，在线上进行传播，传达爱国主题。2019年9月27日，这个话题登上当天的微博热搜置顶榜。截至2019年9月29日，“课本里的新中国”H5总浏览量（PV）超过84万，总访客数（UV）达到45万。微博话题“课本里的新中国”阅读量已达11.5亿，形成超过73万条讨论。

这只是我们人工智能技术赋能媒体的一个案例。从2017年开始，科大讯飞就与中央广播电视总台、南方财经全媒体集团、湖南人民广播电台等机构媒体合力探索人工智能与智能语音技术面向媒体领域的应用，并且形成“采编播审存”的人工智能赋能媒体行业的生态链。

在采访环节，科大讯飞的智能录音笔可以帮助记者快速实现音频转文字。2018年以来，科大讯飞和人民日报社技术部合作，利用科大讯飞智能语音技术，赋能人民日报社采编系统。如在人民日报社国际部使用英文语音转写和中英文互译技术，将英文采访录音转换成中文初稿，再深度编辑，以节省时间。此外，科大讯飞智能语音技术也在新华社、中国日报社得到了深度应用，赋能新华社采编发平台，融合中国日报企业微信以及采编系统。

在编辑环节，2019年中央广播电视总台春晚首度应用了科大讯飞的智能文稿唱词系统，突破传统人工拍打唱词的方式，几乎涵盖所有电视节目字幕制作的应用场景。该系统将字幕制作流程简化为语音AI转写、核对修改、字幕生成审核三个步骤，30分钟的音视频素材通过机器转写只需2分钟即可完成，效率大幅提升，这成为中央广播电视总台2019年春晚十大技术创新之一。

在播出环节，面向电台、电视台和新媒体的节目播出应用场景，科大讯飞基于语音合成技术，将文稿内容快速转换成音频，实现对广播或电视节目、新媒体客户端、电子出版物内容的自动播报。目前，科大讯飞的虚拟主持人相关技术和产品，已经在学习强国App、人民日报公众号、中央广播电视总台以及光明日报等重点央媒的媒体融合业务中进行应用。比如，2019年2月，中央广播电视总台联合科大讯飞打造的虚拟主播“央小广”就在春节亮声。此外，声情并茂的科大讯飞AI多语种虚拟主播也进一步为传统主播解放人力，根据提供的文字内容，通过人工智能技术自动预测表情，实时合成唇形，不仅会说中文，还会说英语、日语、韩语、泰语等16种语言和十多种方言，而且不易出错，也永不知疲倦。这些其实是科大讯飞强大的语音合成、人脸识别、人脸建模、图像合成、机器翻译等多项人工智能技术长期积累的结果。如今，AI多语种虚拟主播已陆续在国内外重大场合亮相，例如，在2019年第二届“一带一路”国际合作高峰论坛期间，中央广播电视总台新闻推出的系列视频《AI记者“通通”游世界》，就由科大讯飞和中央广播电视总台联合打造的首个AI虚拟记者“通通”打卡上岗，在视频中带领观众游历“一带一路”沿途的风土人情，探索见证“一带一路”带来的改变与发展。在2019年韩国首尔举办的第20届世界知识论坛上，以科大讯飞高级副总裁杜兰博士为原型的虚拟主播“杜兰朵”通过中文、英文、韩文、日文、俄文向现场观众讲述科大讯飞的最新成就，当场就获得国际嘉宾点赞。

2019年，我们推出讯飞听见AI智慧媒体云平台，为媒体行业提供实时语音转写、非实时语音转写、多语种翻译等智能语音技术的能力调用。这个平台荣获2019年“指尖融媒榜”最具影响力广电融媒体云平台。至今，我们已形成涵盖智能采集硬件、智能文稿唱词系统、智能虚拟播报系统、智能内容监审系统和智能内容管理系统的整体应用生态，全面赋能媒体内容生产、审核和管理。

通过上述人工智能应用可以看到，人和机器其实是各有所长的。机器擅长的是结构化的事务——比如标记了界定明确的输入和输出，有着明确规则、边界、目标和反馈的，有大量数据、经验和案例可以总结借鉴的，不需要基于广泛常识的长逻辑链或推理的，循规蹈矩不随时间变化的工作；而人类擅长的是创造性的工作，比如艺术审美与创作，从无到有的创造与创新人际沟通和交流，基于常识的逻辑推理、世界观与大局观、同理心与同情心，不按常理或灵活多变的工作。只有通过人机耦合，发挥各自长处，我们才会拥有一个更加美好的未来。我相信，这个时代不仅是从业者的时代，还是每个人的新时代，比人类更强大的不是AI，而是掌握了AI的新人类。

（演讲者吴骏华，科大讯飞品牌市场部总经理、科大讯飞华南公司副总裁）

案例分析

人工智能技术在传媒领域的应用
——以智能语音技术为例

近年来，随着云计算、人工智能、大数据等新一代信息科技的迅速发展，物联网成为一个被反复提及的概念。物联网就是万物互联，即人、物与互联网实现无线连接，其形式可以总结为“智能+一切”。在我国，物联网仍是一个尚未被深入开发的新大陆，英特尔、谷歌、苹果等国际巨头和以BAT为代表的国内互联网企业纷纷开始在物联网领域布局并正走在开疆拓土的路上。作为物联网连接一切的重要触角和纽带，“人工智能”近两年来掀起新一轮热潮，它与各行业领域的应用融合也不断加深。作为人工智能的核心代表，智能语音技术已逐步成为人工智能领域应用最为广泛的技术。包括语音合成、语音识别、口语评测、语义理解、自然语言处理等多项技术在内，智能语音技术不仅已在教育、医疗、客服、家居、金融等各个领域应用不断成熟，近年来也在传媒领域不断取得新的应用突破。

习近平总书记在中共中央政治局第十二次集体学习中指出：“全媒体不断发展，出现了全程媒体、全息媒体、全员媒体、全效媒体，信息无处不在、无所不及、无人不用，导致了舆论生态、媒体格局、传播方式发生深刻变化，新闻舆论工作面临新的挑战。”这是习近平总书记站在时代高度，站在科技前沿，对现阶段媒体特征的精辟概括，也是对媒体融合发展方向的精准定位，更是对新闻舆论工作形势的精确论断。全媒体是指采用多种媒体表现手段，综合利用多种媒介形态，针对不同受众的不同需求，通过多种传播渠道、平台、载体，进行全方位、多层次、融合型的信息生产、信息传播、信息消费的当代媒体。

本文主要从内容采编、节目生产、节目播出、媒资管理、内容监管、信息传播和媒体融合等方面，探讨智能语音及人工智能技术在全媒体传媒领域的应用。

提升新闻采编效率

作为新闻传播的核心内容之一，内容生产是媒体得以发展的基石，而时效性和质量则成为衡量内容生产的两个重要维度。无论是广播、电视、报纸等传统媒体，还是以微博、微信、视频平台等为代表的新媒体，时效性一直是行业聚焦的竞争点。

在采访环节，在“采访（录音）—人工整理录音—写稿”的流程中，人工整理录音耗费了大量时间成本。科大讯飞在2015年底推出专门用于录音整理的转写平台；2018年3月，针对临时采访录音整理和会议纪要等知识管理场景，讯飞听见App上线；2018年10月，科大讯飞发布了语音转写机器人讯飞听见M1，进一步满足会议、采访、课程培训等多种场景下录音数据的整理需求。记者将1小时的音频上传后5分钟即可收到转写文本。1小时的音频采用传统“手动听打”的方式整理出来，保守估计需要4小时，而使用语音识别技术可至少提高效率47倍。在2020年新冠肺炎疫情期间，讯飞听见App和网站为记者提供免费语音转写服务，助力前线记者更快、更准确地发回现场报道（见表6–2–1）。

在审核环节，内容审核是电台节目编播的重要一环。随着广播事业的发展，节目听审的压力也越来越大。传统的节目听审采用纯人工方式，由专人进行大量烦琐枯燥的机械性工作。而应用语音识别技术将禁忌词预置进听审系统，输入听审节目，系统自动审核，系统检测到禁忌词即警报提示，这将大大提高听审效率。

人工智能技术在媒体行业的深度应用仍然需要多方协同推进。2019年和2020年两届春晚，中科大洋和科大讯飞公司共同完成的智能文稿唱词系统，将传统电视字幕流程由“听写—核对修改—拍唱词—修改时间点—审核”5个步骤简化成“语音AI转写—核对修改—字幕生成”3个步骤。流程再造之后，原本需要1小时的流程缩短为20分钟，大大缩短电视节目字幕制作时间，提升了后期制作机房的利用率。目前，智能文稿唱词系统已在中央广播电视总台《我爱发明》《今日说法》《海峡两岸》等500期常规节目的字幕制作中得到应用。该系统的音视频转唱词功能将新闻主播语音转写成文字，转写正确率达97%，字幕时码匹配功能更大幅缩短了节目后期字幕制作时间（见图6–2–1）。

表6-2-1　智能语音技术和普通人员、速录人员的对比数据

机器转写 VS 普通人工听写 VS 速录员听写	转写/听写	准确率	校对	拍唱词/唱词导入	校对唱调	总耗时
	2 m	86.92%	80 m	2 m	30 m	1 h53 m
	90 m	97.79%	74 m	34 m	64 m	4 h22 m
	40 m	99.16%	35 m	32 m	59 m	2 h46 m

数据来源：中央广播电视总局。

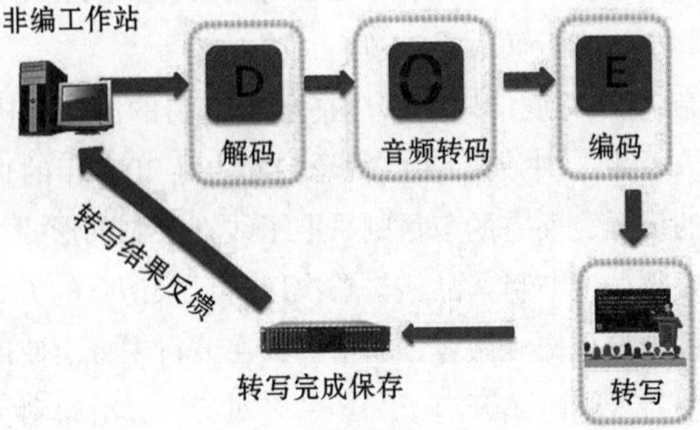

图6–2–1　智能文稿唱词系统的运行流程

改变节目生产模式

（一）机器自动生产新闻

随着电视、手机、电脑等各类实体商品形成批量生产，媒体内容生产效率的提升成为人们越来越迫切的需求。早在2001年，Google News就首次摆脱人工，利用后台聚合算法实现新闻更新和推荐，进行新闻的自动选编。经过互联网尤其是移动互联网十余年的发展，社会化媒体逐渐兴起，

以今日头条为代表的新一代机器新闻编辑产品开始风行并不断深入发展，基于用户大数据的个性化推荐融入后台算法，机器的深度学习不断加强。机器自动写作其实是自然语言生成引擎，简单来说，需要经过“获取数据—分析数据—提炼观点—生成结构和格式—发布初版”几个流程，实际上是对大数据分析、数据处理、自然语言生成等技术的充分和有效运用。

当前机器写作在新闻内容的生产上主要应用于财经、体育、气象、地质等数据分析性较强的领域。与人类作者相比，机器写作具有效率高、时效性好、覆盖性强、无偏见等优势。

在个性化及叙事性要求较高的娱乐、时政、社会等新闻方面，机器写作仍须结合人工智能、数据挖掘、机器学习等技术进行深入研究。

（二）节目制作搬到线上

2020年，因为新冠肺炎疫情，人们生活的方方面面都发生了变化。企业员工在家办公，学生在家上网课，电视节目也纷纷开始云录制。新冠肺炎疫情期间，随着社交距离的扩大，人们纷纷寻找新的互动方式，视频聊天因更加真实、更加亲近而大受欢迎。

受2020年新冠肺炎疫情影响，广播电视节目的制作程序也做出了改变。为减少人员聚集，中央广播电视总台举办了30多年的央视元宵晚会取消现场观众的设置，而有的节目则采取了线上录制的形式。2020年3月5日，安徽卫视人物访谈节目《品格》首次以“云采访”的方式进行节目制作。科大讯飞董事长刘庆峰做客《品格》，在节目中首次使用讯飞听见L1进行录制，与主持人赵屹鸥开启了一场“云对话”，分享科大讯飞利用人工智能参与“科技抗疫”的故事。

随着5G和人工智能技术的深入发展，未来采访和节目制作的形态将日趋丰富，通过科技实现远程采播的节目制作形态或将成为未来综艺节目的重要生产方式。

（三）节目制作过程智能化

新闻传播的魅力之一在于其传播媒介和形式的多样性，声音、文字、图像等传播媒介的融合也一直是媒体发展的重要方向。例如视频，就是最典型的声音和图像的结合，字幕已成视频“标配”，但由于使用传统方式整理字幕耗时费力，所以很多电视节目、网络视频节目、音频节目并未配套相应字幕，而语音识别技术无疑是解决这些痛点的有力工具。目前，利用语音端点检测、分段、语义理解等技术已可自动生成字幕，再通过人工简单修正审核即可直接应用。讯飞听见转写网站和讯飞听见文稿字幕系统都已支持将音视频转写成文本后自动转化为字幕格式，这大幅提高了字幕制作的效率。2019年11月，讯飞听见智能文稿字幕系统上线互联网版本，面向C端记者和自媒体用户，实现了上传音视频一键自动生成文稿和字幕，并支持字幕叠加音视频文件的功能，这套系统的核心技术就是语音识别。

除了紧跟潮流将节目互联网化，整合运用语音技术为节目添加字幕，增强节目的趣味性和展现形式的多样性，或可成为传统广播电视突围的又一种有效尝试。

2020年，深圳卫视联手讯飞听见，将科大讯飞的语音识别技术应用在《知识春晚》直播中，实时将现场嘉宾的演讲内容转写为文字，并通过电视直播展现，这是我国首次将人工智能技术应用于省级卫视频道节目的直播字幕制作。

丰富节目播出形态

随着智能手机的普及，传统的广播电台大多推出基于移动端的网络广播，如喜马拉雅FM、荔枝FM等App，传统广播电台面临直接挑战。

2019年全国“两会”期间，人民日报旗下“两会智播报”微信公众号，人工智能虚拟播报员接替真人主播岗位，为观众带来新鲜即时的新闻资讯。而在《人民日报FM》栏目中，也植入了智能读报小程序，同样由虚拟主播进行新闻报道。科大讯飞综合利用语音合成、语音识别、语义理解、图像处理、机器翻译等先进技术，打造出表情生动、声音自然的首个多语种人工智能虚拟主播“小晴”，只需输入文本，虚拟主播就能“声情并茂”地进行视频播报，目前虚拟主播已能说超过30种语言（含方言），不会出错，而且永不疲倦。科大讯飞人工智能多语种虚拟主播产品的探索，从技术上实现了一个主持人播报多国语言，打破传统单一文字形式的内容传播边界，促进文字媒介向语音和视频融合发展。围绕声音与文字两个基本传播介质，语音技术与传媒的融合方式越来越多样化。随着互联网、移动互联网和物联网不断向纵深发展，广播、电视、纸媒、电脑、手机、平板电脑等多终端不断联动，传播种类更加突破原有单一终端相互割裂的形式，朝着互动性、服务型、平台化的方向发展，节目形态也必将丰富多样。通过人工智能技术给传播赋能，人工智能多语种虚拟主播具有更低廉的生产成本、更快的传播速度、更多的适用场景、更广泛的想象空间和适用前景的优势特点。

智能内容审核监管

对图片、音视频等的监管是媒体管理的重要组成部分，但随着媒体方式的多样化发展，这比对文字的监管要困难得多。以直播为例，2016年直播市场异常火爆，国内市场上共有200多家直播创业公司，除纯直播类应用外，各大知名App如爱奇艺、淘宝、腾讯视频等也内置了直播功能，可谓开启“全民直播时代”，直播市场一片红海。从2018年开始，直播带货走进消费者的视野。直播带货，是指通过一些互联网平台，以直播的方式进行近距离商品展示、咨询答复、导购的新型服务方式，或由店铺自己开设直播间，或由职业主播集合进行推介。随着市场竞争日趋白热化，直播的内容更加良莠不齐，游戏、体育、新闻、教育培训、电商……几乎无所不包。正因其内容的繁复多样、渠道的丰富广泛和传播途径的开放，对它的监管也面临全新的困难和挑战。

2016年9月9日，国家新闻出版广电总局下发《关于加强网络视听节目直播服务管理有关问题的通知》，并重申相关规定，要求网络视听节目直播机构依法开展直播服务。同时，各大网络直播平台基本自发配备乡音审核人员审查直播内容，部分直播平台甚至对主播进行实名验证，需要手持身份证拍照审核之后方可直播。

2016年11月，国家互联网信息办公室发布《互联网直播服务管理规定》，并指出基于互联网，以视频、音频、图文等形式向公众持续发布实时信息的活动，应当遵守法律法规，坚持正确导向，大力弘扬社会主义核心价值观，培育积极健康、向上向善的网络文化，维护良好的网络生态，维护国家利益和公共利益，为广大网民特别是青少年成长营造风清气正的网络环境。

2019年1月，中国网络视听节目服务协会正式发布《网络短视频平台管理规范》，其中规定：平台上播出的所有短视频均应经内容审核后方可播出，包括节目的标题、简介、弹幕、评论等内容。

尽管社会各方面从法律政策、审核制度、舆论监督等层面采取了一系列监管措施，但随着直播内容日益多样化，利用监测技术的自动化监管或可成为规范监管的发展方向。智能语音技术或可成为音视频监管的一个技术切入点。利用语音识别技术对直播或其他音视频内容进行实时识别，提取不雅词汇或其他敏感词，从而快速锁定低质量直播平台，为监管提供切实依据。

语音识别技术在内容监管方面的大规模应用仍有赖于语音识别技术的识别率、语音识别技术对方言及外语的识别等方面的进一步发展。

媒资数据智能化管理

媒资管理自21世纪初被引入国内以来，在传媒行业尤其是广电行业得到迅猛发展。2002年，央视即已开展大规模的数字化项目，媒资管理发展至今，已不限于资料存档、检索查找，更重要的是在目前内容管理的基础上，通过用户数据的全面分析，融合媒资用户的实际需求，通过智能化编目与知识化管理实现资源与用户间的联系循环（见图6-2-2）。上海文化广播影视集团有限公司（SMG）在媒资管理系统的构建过程中，通过引入人工智能及互联网技术，形成了一个具备自动编目、媒资百科、知识图谱、自动主题推荐等功能的“新型广播电视媒资生产管理平台”。该平台帮助SMG实现媒资内容衍生产品的自动化和智能化生产，使其从传统档案管理型媒资向生产服务型媒资转变。

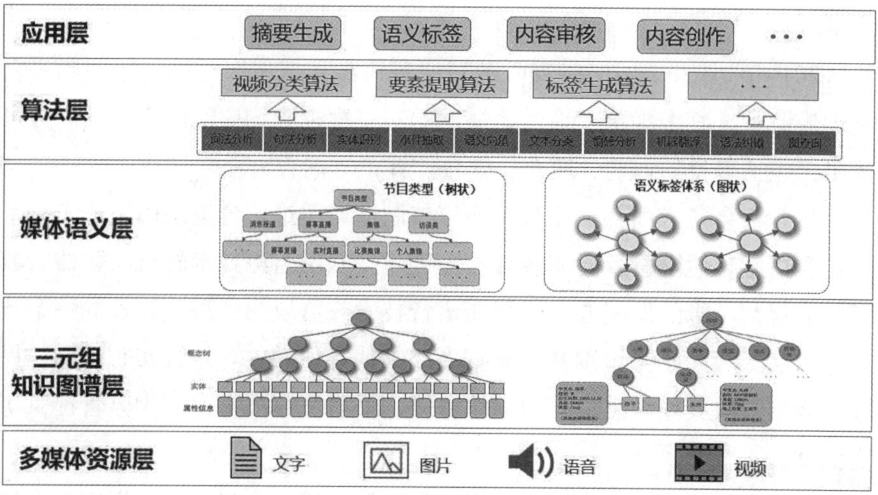

图6-2-2　媒资管理系统构架图

采访录音、视频、内部节目以及文稿文档是各类媒体的重要资产和核心资源，对这些资产的管理是各媒体内部的重要工作。节目内容制作、资料存储等环节基本实现信息化和数字化，但内容管理依然采用传统方式；尤其在检索方面，依然是对原始数据的直接检索。直接检索在文字类资源中的劣势尚不明显，但在音视频类资源的检索中格外困难。

语音识别技术在媒资管理方面将有望解决目前的一些痛点。

第一，音视频类节目资料库的原始数据标注大多仍采用人工标注的方式，这样不仅效率低下，而且耗费大量人力物力成本。利用语音识别技术对所有音视频进行机器标注，将其文本化，不仅高效，而且能够批量处理，再辅以人工修正，将大大提高媒资库整理归档的效率。

第二，对不需要全部进行文本化的音视频资源，可利用语音技术进行自动摘要和打标题，概括本段音视频的主要内容并提取关键词，这可将大量重复劳动力解放出来。

第三，完成对原始资源的梳理归档之后，检索成为媒资管理的一个重要用途。利用语音识别技术将音视频文本化之后，再将音频、文本的原始数据逐一关联对应，甚至将相关的图片档案等资料进行同类归属，建立索引，实现对内容、标题、关键词的全方位检索。利用语音技术，将大量存量历史音视频资源数据化之后，再与图片检索、语音检索相结合，历史资源的利用率将会大大提升。同时，与各媒体渠道的大数据相结合，对用户的反馈分析会更加便利、高效、精准和深入，这有望成为媒资管理的理想状态。

以语音识别技术为切入点，随着研究的不断深入及人工智能与媒体的不断碰撞融合，智能语音及人工智能技术正在为传媒业提供转化传统思维、优化采编流程、深化内容结构的有效触媒。它从基础的采编环节开始，贯穿整个媒体工作流程，从微观至全局提升整个产业链效率，促进媒体融合向纵深发展。

（作者胡郁，科大讯飞联合创始人、轮值总裁；王玮，科大讯飞消费者事业群副总裁、讯飞听见总经理；黄佑银，讯飞听见媒体业务线总监；王杏漩，科大讯飞品牌市场部内容室实习生）

专家点评

人工智能助力新闻业融合与转型

伴随着大数据与人工智能技术的快速发展，人工智能技术开始迅速渗透新闻传播活动的各个维度，并已对新闻信息的采集、编辑、审核和分发进行较大程度的智能处理。人工智能正在成为媒体传播创新和网络治理创新的重要推动力。以科大讯飞公司全力推广的人工智能多语种语音识别技术为代表的技术创新，聚焦信息传播领域的实际发展需求和用户体验提升的需要，以技术创新为导向，不断推动人工智能在教育、传播、医疗和司法等领域的产业化落地和产品化应用。从2017年开始，科大讯飞就与中央广播电视总台、南方财经全媒体集团、湖南人民广播电台等机构媒体共同探索人工智能与智能语音技术在媒体领域的应用，并已形成“采编播审存”的智能化的媒体运作生态链。

总体而言，科大讯飞的人工智能技术既能为传统主流媒体的内容生产赋权，又可以应用于新兴的各类互联网平台，大幅提升了传播内容的采集效率，也强化了用户“听新闻”的切身体验。这种实践推进既符合中央推动人工智能发展和打造新型传播平台的战略部署，也展示了人工智能技术对传播内容机制的强大影响，体现了人工智能技术对传统传播渠道和传播方式等资源的整合，是人工智能技术推动新闻传播行业融合和转型的重要突破。最后，在利用人工智能推动传播创新的过程中，还需要强化网络平台中各类传播者的社会责任意识，避免过度依赖技术和完全迎合受众的不良趋势，最终导致被智能技术反噬的后果。传播平台只有时刻保持警醒和积极承担社会责任，才能最终真正服务于传播的成功转型和国家与社会的长远发展。

（作者卢家银，中山大学传播与设计学院副教授、中国新闻史学会应用新闻传播学研究委员会副会长兼秘书长）

07 喜马拉雅FM

喜马拉雅FM，用声音重新解释“阅读”，构筑起“声音与书籍”的世界，其有声书可以看作是“声音出版”的行业。有声书相对于传统出版的优势在于：声音媒体具有移动性和伴随性的场景优势，随时随地都能够听书；通过声音传递书本信息，拥有直达心灵的效果；播讲者的演绎可比文字迸发出更丰富的感情，更容易与听者形成情感上的共鸣。现在，我们距离真正“全民阅读”还比较遥远，但聆听习惯已然养成，喜马拉雅FM还冠名热门综艺节目《声临其境》，提供“喜马拉雅inside”开放平台，以此俘获大量受众，让信息、知识、文化、艺术等各种内容通过声音从喜马拉雅FM平台走进亿万用户的耳中。

主题演讲

喜马拉雅FM：用声音分享人类智慧

我们致敬经典——《我们仨》——重新发现经典的声音；
我们回味时代——《活着》——重新听到文学的灵魂；
我们再现历史——《我的父亲王洛宾》——重新聆听时代的节拍；
我们重温童年——《老夫子》——一起回味旧日的时光；
我们重塑芳华——《芳华》——重新渴望青春的气息；
我们演绎新篇——《妖猫传》——斗胆挑战影视的巨制；
…………

我们是喜马拉雅FM，我们用声音，重新解释了“阅读”。

有声阅读，这个书的衍生品，在不知不觉中已经长成独具生命力的一棵“大树”。在喜马拉雅FM，无数用户通过声音去阅读和感受文学，而“听”这件事已经成长为一个新兴的产业链。

在喜马拉雅FM这个全国最大的音频互联网平台上，不仅有数亿人用耳朵去阅读、学习知识、接收信息，还有着创造出惊人经济价值的主播。

“有声的紫襟”，是一位90后奶爸，据说是陶渊明的后人。他在喜马拉雅FM平台上拥有770万粉丝，他的声音在2018年被收听6.7亿小时，是全球播放量最多的声音，年创收千万元以上。

在这个平台上，还有不少90后，例如“幻樱空”“一刀苏苏”……他们走在街上可能不会被认出来，但在声音的领域，他们都是拥有过百万粉丝的超级大咖。

这场声音的盛宴，开始于2016年。在此之前，很多人觉得互联网音频平台是一个填不完的“坑”，在“烧”完风险投资之后就会烟消云散。

在2016年6月6日，喜马拉雅FM平台推出首个音频付费节目《好好说话》，售价199元。

开售当天，这个付费节目销售额突破500万元，正式宣布音频内容付费时代来临。这是全球音频内容产业的一个新里程碑，如果要找一个事件来类比的话，大概只有乔布斯开创的音乐单曲付费能与之相提并论。

在打响头炮之后，喜马拉雅FM陆续推出更多优质的音频付费内容，并在2016年12月3日举办了首届“123知识狂欢节”。截至当天24时，知识狂欢节的音频内容销售额突破了5000万元。

在接下来的几年里，喜马拉雅FM再接再厉，把“123知识狂欢节”打造成音频领域的“双十一”，2017年销售额达到1.96亿元，2018年销售额达到4.35亿元。

知识付费，成为音频领域的新“风口”。众多知识大咖在喜马拉雅FM平台上向用户分享知识；众多草根主播也通过声音和知识成为粉丝心目中的偶像，甚至由此改变了命运。

在知识付费大行其道的同时，喜马拉雅FM还在努力做一件耗时费力却意义非凡的事情，这件事就是把书籍变成声音。直到2019年4月23日，这一年的世界阅读日，喜马拉雅FM第二个“423听书节”全面进入大众视线，引起社会关注。

把书籍有声化，这件事并不算很新鲜，从古老的评书到最先进的AI朗读，都在做类似的事情。

但喜马拉雅FM所做的，不仅是有声化，而且把有声化变成一门真正的生意、一个真正的产业。

1998—2001年，中国的互联网文学从BBS起步，并逐渐为公众所认知。2001年后，文学网站开始走向前台。但无论是BBS还是文学网站，在盗版流行、知识产权缺乏有效保护的年代，都没有找到合适的盈利模式。

他们是真正的先行者，只是没有遇上好的时代。

2007年，第一代苹果手机横空出世，改变了整个互联网世界和手机世界，移动互联网真正成为主角，而移动支付和为内容付费也逐渐为大众所接受。

到了2010年前后，移动阅读、游戏改编开始成为移动互联网阅读的热门方式和内容，时机在一点点地成熟。

2012—2013年，移动互联网音频平台开始开辟它们的新天地，其中的佼佼者正是后来成为行业第一的喜马拉雅FM。在探索知识付费有声内容经营模式的同时，喜马拉雅FM也在构筑一道非常雄伟的护城河——通过各种方式积累大量文学作品版权，并通过平台上的主播实现有声化。

网络文学和移动音频平台是两条不一样的曲线，但在文学作品尤其网络文学作品有声化这个点上实现了交汇。在这个交汇点之前，网络文学的辛勤耕耘、移动互联网的兴起、知识产权保护的完善、移动音频平台的兴起、用户付费习惯的培养等都已经经过若干年积累和准备，现在正是到了水到渠成的时候。

于是，喜马拉雅FM用自己的平台重新定义了“声音”，让世界知道声音所能带来的力量。曾经有一段时间，我们很喜欢讲“新四大发明”，实际上，喜马拉雅FM创造出来的声音世界并不亚于“新四大发明”。

当然，喜马拉雅FM构筑这个“声音与书籍”的世界，并不是坐等时机的到来，机会永远都是留给有准备的人。这个植根于喜马拉雅FM音频平台的有声书业务生态，背后是大量不为人知的秘密。

出版业，包括电子出版，是一个庞大的市场，而喜马拉雅FM有声书是一个“声音出版”的行业。已经出版的书籍，可以通过声音演绎拥有二次生命，并且在移动音频平台上通过付费收听，获取版权收益；还未出版的书籍，可以在移动音频平台上作为有声读物抢先出道，在积累粉丝和口碑之后，再转战实体书市场。

喜马拉雅FM有声书并没有尝试去抢夺传统出版业的市场，而是打造了一个平行空间。在这个平行空间里，书籍和有声读物可以互相转化、互为依托，还可以获取各自的经济利益。

相对于传统出版，有声书拥有几方面的优势。

第一，场景优势。声音媒体最大的特点就在于它的移动性和伴随性，也就是说，你不需要在固定场所收听，甚至不需要专心致志地收听，你可以开着车、走着路、坐着公交、做着饭、打扫着卫生……这一切都不妨碍你接收声音。有声书的场景是移动且多变的，声音来源是网络且无须携带，它与你正在做的事完全不发生矛盾，是一个平行的空间。所以，越来越多人习惯通过声音进行阅读。

第二，通道优势。文字从书本传递到读者的脑海里，是一个相当复杂的过程，其中虽然充满了想象力，但也对读者的思考能力和阅读能力提出了更高的要求，需要读者在脑里进行二次翻译和解读。而有声书的内容则更加容易为用户所接收，因为通过声音的演绎，播讲者已经将信息吸收、过滤了一遍，然后通过线性的声音流传递到听者的耳中。这种传递是直达心灵的，并且是强制性地传递到用户的脑海之中的。

第三，编码优势。在有声书的制作过程之中，对书籍进行了二次乃至三次的创作，播讲者能够通过自己的演绎传递更多信息，迸发更丰富的感情，构建更丰富的角色，并与听者产生情感上的共鸣以及后期更多的互动和反馈。这些都是文字无法达到的效果。

这些优势，让喜马拉雅FM有声书成为一个全新的出版业。

而在打造这个声音平台的过程中，喜马拉雅FM为自己设定了使命——用声音分享人类智慧。无论是音频内容、有声书还是知识付费，都在为这个使命服务。

2016年，通过启动知识付费，喜马拉雅FM打开了一道新的大门。到2017年，大众已经不满足于“知识”，随着传统文化的回归、人文通识的兴起、有声小说的蓬勃让需求进一步扩大，逐渐从“知识”走向“文化”。

于是，文化、艺术也通过声音从喜马拉雅FM平台走进亿万用户的耳中。知识也好，文化也好，艺术也罢，一切都与人类的智慧有关。

而在传播过程中，我们发现，声音作为媒介，有着比书本更低的门槛和更强的广泛性。我们也许还没有形成真正的“全民阅读”习惯，也许不会在地铁公交上随处看到捧着书本看的人，但手机几乎已经成为每个人不可或缺的一部分。在手机上，通过声音去阅读、学习，是更多人愿意参与、乐于参与的方式。

要构筑一个美妙而充满智慧的声音世界，只有知识、文化显然是不足够的。声音本身就是一门艺术，而这门艺术需要众多艺术家的声音。

一直以来，广播电台是公众最重要的声音接收途径，我们常常将那些优秀的声音作品称为“广播级”的作品。而在喜马拉雅FM平台上，我们用互联网的思路来打造这些“广播级”的作品。

互联网思维在不同场景中有不同解释。在喜马拉雅FM有声书的打造中，大概可以将其理解为更广泛的参与、更用户化的思维，以及更商业化的模式。

在大量创作过程中，我们发现那些大受欢迎的作品需要具备三方面的特质：第一是干货化，你不能用一个小时东拉西扯，而必须每一分钟都言之有物；第二是娱乐化，你不能像老先生上课一样絮絮叨叨，而必须让用户觉得有趣好玩有意思；第三是人格化，这是喜马拉雅FM有声书与AI播读的一大区别，在这里，每一部作品不仅是原作，而且是主播们呕心沥血的声音艺术创作，每一部作品都深深地烙上了主播的人格印记。正因为人格化，主播和作品可以拥有粉丝、社群，甚至可以组织俱乐部。

创作，只是万里长征的第一步。

为了构建令每一个参与者都有所收获的生态，喜马拉雅FM利用自己的互联网平台力量，打造了一个商业化的闭环。这个生态包括以下各个部分：

一是内容服务。从完备的PUGC（专业用户生产内容），到平台自制内容，再到版权内容，喜马拉雅FM打造了一个非常庞大的内容数据库，并且形成了一套行之有效的声音内容管理体系，从生成，到策划、品控发展，再到用户沟通，都具备极高的效率。

二是数据分析。通过喜马拉雅FM平台全面广域的大数据，喜马拉雅FM为内容生产提供了真实可信、以用户为核心的导向。对用户而言，喜马拉雅FM也通过大数据为用户提供更合适、更符合兴趣的声音内容产品。

三是推广与用户服务。在喜马拉雅FM平台上有为数众多的主播，他们既是为用户提供最多服务的生产者，也是最需要帮助和指导的学习者。为了让主播从默默无名的小辈成长为拥有众多粉丝的大咖，平台提供了一系列主播服务，从学习课程、流量扶持，到作品选择、个人成长，使更多主播在平台上找到他们生存和发展的空间。

四是商业化服务。喜马拉雅FM的商业化主要由广告和付费两大项目组成，通过广告和付费变现，书籍版权内容和主播声音艺术创作都能获取相当的经济收益，从而使更多的内容和生产者进入喜马拉雅FM，成为喜马拉雅FM有声书的一分子。

五是众创空间和基金服务。在拥有大量优质的内容和主播之后，喜马拉雅FM还成立了内容创投基金，为那些优秀的内容生产者提供资金支持，让他们发展成更具实力的创作者，从而为平台创造更多价值，甚至走出喜马拉雅FM平台，在更广阔的互联网世界进行创作。

与传统出版业相比，喜马拉雅FM构建的这个生态更互联网化，更大数据化，也更AI化，继而拥有强大的生命力，在短短几年间迅速发展成一个庞大的体系。

在这个生态的构建过程中，保持平衡是一件至关重要的事。

第一，是传统内容和互联网内容的平衡。书籍是传统模式中诞生的内容，而在互联网平台上，用互联网的模式去既得到用户的喜爱又不损书籍的精神和本义，是我们需要保持的第一个平衡。

第二，是不同方式、不同团体、不同个人的平衡。不管是自制内容、专业生产内容还是用户生产内容，都是平台重要的组成部分，都是整个有声内容生态的有机组成，但不同的平台有不同的倾向，继而取悦不同群体的用户。而喜马拉雅FM的愿景既然是“用声音分享人类智慧”，就不能忽略其中任何一个创作群体。

第三，是商业模式的平衡。通过广告让用户免费收听与用户直接付费收听，是两个不同的体系。不同类型的用户会倾向选择不同的体系，而生态的商业化能力也决定了生态能否持续有效地运营和扩张，所以商业模式的平衡兼顾了不同用户的选择，照顾了用户的使用习惯和感受，也最大限度地保障了平台商业化的能力。

第四，是平台内部生态与智能生态圈的平衡。在现阶段，手机几乎是声音内容分发的绝对强势途径，但在可见的未来，车联网、智能硬件的发展必然带来更丰富的分发渠道甚至更丰富的创作模式。如何在不同的分发渠道和创作模式之间取舍和发力，也是喜马拉雅FM需要考虑的事情。

不管多么复杂的生态模式、多么海量的内容资源，最终要达成最初的愿景，依然需要依靠自身的努力。在有声书领域，喜马拉雅FM经过前期的大量积累，依靠互联网平台的生态系统，实现了近几年来高速的发展，成为这个赛道的领跑者。但未来的道路依然充满了很多的可能性，喜马拉雅FM依然需要不断创新与突破，才能保持领先的地位，才能达成最初的愿景——用声音分享人类智慧。

（演讲者李沛聪，广州粤语喜马拉雅FM公司总经理、喜马拉雅FM粤语频道总编辑）

案例分析

内容建设　品牌传播　终端布局

——喜马拉雅FM发展策略解读

近年来，随着移动互联网和智能终端设备的普及，具有低注意力损耗、高情感伴随等优点的网络音频逐渐成为大众内容消费的重要形式之一，用户规模连年稳定增长，产品不断丰富。经过几年的竞争发展，网络音频行业的头部平台也逐渐显现。艾媒咨询（iiMedia Research）数据显示，2018年第四季度，喜马拉雅FM、荔枝FM、蜻蜓FM三家主流在线音频活跃人数分别达到8909.3万人、3439.2万人和3020.8万人，与其他音频平台相比优势明显，构成了网络音频领域的头部阵营。其中，喜马拉雅FM更是以绝对优势领跑在线音频市场。本文从内容覆盖、平台营销、终端开拓三个方面解读喜马拉雅FM的发展战略，以管窥整个网络音频行业的发展趋势。

全面发力的内容战略

对于所有形态的媒介平台而言，优质内容都是推动发展的第一引擎。对内容呈现形式相对单一的网络音频平台来说，“内容为王”更是发展的根本。可以说，网络音频平台之间的竞争，归根结底都是内容的竞争。而喜马拉雅FM之所以能够在行业竞争中脱颖而出，依靠的也是全域协同发展的海量差异化内容，其在UGC（用户生产内容）、PUGC（专业用户生产内容）、PGC（专业生产内容）的全方位内容布局成为制胜关键。

（一）UGC：增强用户黏度，筑牢内容“底座”

UGC模式一方面能够为平台带来海量的内容，另一方面又能提升用户的参与感，增强平台的用户黏度。因此，很多互联网平台最开始采用的都是UGC模式。喜马拉雅FM在成立之初，采用的也是UGC模式。这种自下而上的内容生产，让喜马拉雅FM无论在内容覆盖范围上还是用户参与上都与传统的广播电台有所区别，帮助喜马拉雅FM完成最初的用户教育和用户积累。目前，在喜马拉雅FM的手机客户端，每个用户都可以上传自己的录音作品，完成主播认证更可以通过“人人都是主播”的工作台进行直播，主播工作台除了可以为用户提供录音和直播的各种技术支持，还能够实时呈现用户作品的播放数据。“全民朗读”版块为用户提供诗歌、散文等文学作品的文字版和朗读配乐，并设立用户录音作品播放量排行榜，每一个录音作品的播放量都能在排行榜上直观显示，通过游戏挑战元素的融入，吸引用户参与。“趣配音”版块则为用户提供了热门影视剧、纪录片、趣段子、英语等细分的海量配音内容，用户在浏览原声之后，可以用自己喜欢的方式给影视剧、纪录片、综艺、名人演讲等视频配音，还设有合作配音区、PK专区等。

以上这些鼓励UGC创作、吸引用户参与的应用设置不仅能够有效增强用户黏度，还能够有效拓宽平台内容的广度，打造喜马拉雅FM内容金字塔的牢固“底座”。

（二）PUGC：培养专业的中腰部内容生产者

为了提升平台自身的内容生产能力，打造平台专属的内容优势，喜马拉雅FM率先在行业内提出了PUGC生态战略，以“UGC+PGC+独家版权”的模式打造自己在行业内的内容壁垒。

2013年喜马拉雅FM手机客户端上线时，正值“得内容者得天下”的内容抢夺期，各电视台、视频平台都为争夺优势内容而使出浑身解数。据喜马拉雅FM副总裁张永旭介绍，成立之初的喜马拉雅FM即参考视频版权，把当时市面上关于音频的版权尽可能全部签下来，那些可以变成音频内容的版权也全部签下来，这些内容版权为喜马拉雅FM建起了一道坚固的“内容护城河”。2015年6月，喜马拉雅FM和拥有1000万部作品的阅文集团达成排他性合作，并在接下来的两年内迅速与国内几乎所有一线出版机构结成了深度战略合作伙伴。2019年1月23日，艾媒咨询（iiMedia Research）发布的《2018—2019中国有声书市场专题研究报告》显示，目前喜马拉雅FM拥有市场上70%畅销书的有声版权、85%网络文学的有声改编权、6600多部英文原版畅销有声书，在行业内拥有领先优势。

同时，喜马拉雅FM的PUGC生态战略为草根主播和自媒体人建立了一整套集挖掘、培养、孵化、商业化于一体的支撑服务，形成“万物生长”的孕育机制，筛选有潜力的优质IP，打造主播造血系统，丰富平台自产内容品类，建立全音频生态，强化品牌价值。

在PUGC主播打造上，喜马拉雅FM主要通过直播、知识付费、有声书、精品节目等成熟的产品模式，为主播们提供孵化工具和成长路径。例如，成为喜马拉雅FM有声书的优质朗读者，就能获得分账资金补贴；成为签约主播，就可以得到可观的签约费。2015年6月，喜马拉雅FM即推出“全球华语播客巅峰榜”，并联手KPCB（凯鹏华盈风险基金）/SIG（海纳亚洲创投基金）共同打造国内首个专注于创新音频节目制播团队投资和孵化的基金会——声音工场，首批募集1亿元基金于孵化有声创业团队。为了促进主播培养，喜马拉雅FM在400万名草根主播中选出8万名认证主播，还设立了喜马拉雅FM大学，对主播进行专业培养，并专门针对不同领域的头部生产者进行拓展和维系，吸引MCN（一种多频道网络的产品形态）入驻，维系B端（企业商家用户端）和C端（个人用户端）。

2018年，喜马拉雅FM在主播培养上明显加大投入。针对中腰部音频内容创业者的现实需求，2018年1月，喜马拉雅FM在春声音频IP发布会上公布“万人十亿新声计划”。据喜马拉雅FM副总裁周晓晗介绍，公司将投入3亿元，从资金、流量和创业孵化三个层面全面扶持音频内容创业者，目标是孵化出1万名收入破万元的创作者，其中收入破百万元的不少于100人。2018年9月，喜马拉雅FM与腾讯视频达成联合IP孵化计划，致力于打造“视听超级IP”。根据官方介绍，两家平台会在一些共有IP上进行协同操作：“筛选出有潜力的优质IP，两大平台出专门团队帮助完成商业化包装，并且打通两个平台的流量，给出S+级资源做宣发推广。”喜马拉雅FM大学在2018年9月启动全国原创内容产业孵化中心建设，与全国各地20所高校展开了深度合作，以培养专业对口的大学生成为主播，并在2018年10月推出“主播成长直通车”，帮助主播快速找到发展路径。2018年12月，喜马拉雅FM又推出加强版“千人千万计划”，再次挖掘和帮助

1000名主播成为垂直行业标杆。

在有限的头部资源被激烈争夺并且IP购买成本水涨船高的情况下，喜马拉雅FM对主播培养的大量投入不仅能够提升自身的“造血”能力，为平台自主内容产品开发蓄能，进而实现与其他音频平台的内容差异化，还可以让原本质量参差不齐、版权纠纷频发的UGC内容得到一定程度的优化和规范，提升平台整体内容质量。

（三）PGC：牢牢掌握头部内容IP

随着用户对音频内容质量要求越来越高、市场竞争越来越激烈，内容成为留住用户的关键。在此背景下，内容质量有保证、自带粉丝流量的头部IP资源成为所有内容平台的必争之地。2016年，喜马拉雅FM上线首个音频付费节目——马东的《好好说话》，并正式宣布进军知识付费领域，借助在综艺节目《奇葩说》中选手们的热度，其首日销售额突破500万元。为了保证头部IP资源的独家优势，喜马拉雅FM注重与号召力极强的KOL（关键意见领袖）签约合作，与70%—80%的知名自媒体人或公司签署独家排他协议，例如郭德纲、罗振宇、郎咸平等知名IP的音频节目只能在喜马拉雅FM一家平台上播出。2018年1月，喜马拉雅FM发起互联网音频行业首个IP盛典——春声音频IP发布会，一口气发布20个音频超级IP，包括郭德纲、杨澜、王耀庆、郝景芳、梁冬、邱晨、蒙曼、董路等各路大咖，开启音频的IP时代。此外，喜马拉雅FM本身也联合知名文化学者、演艺明星推出了不少爆款音频IP，比如《李银河说爱情》《谢涛有声历史剧：三国到明清》《莫言陈思和领讲：中国文学大师课》《刘敏涛·古今女子图鉴》《陈坤·世间》等等。

随着国家对中华优秀传统文化的重视，继承和发扬优秀传统文化的视听节目内容也受到大众追捧。喜马拉雅FM针对这一热点，联合知名文化学者策划推出了一批大师级国学课程，余秋雨、王蒙、康震、易中天、蒙曼等文化大家通过喜马拉雅FM把国学知识传递给更多年轻受众，国家广播电视总局公布的2018年优秀网络视听作品，喜马拉雅FM平台播发的《康震品读古诗词》《余秋雨·中国文化必修课》两档国学节目入选。

除了布局个人IP，喜马拉雅FM还注重引入各类影视综艺热门IP。喜马拉雅FM精品节目专区设有“火爆热剧”版块，热播电视剧的有声书随热剧的播出同步上线。近两年来的热播剧，如《延禧攻略》《知否？知否？应是绿肥红瘦》《香蜜沉沉烬如霜》《大江大河》《黄金瞳》等都在喜马拉雅FM上线了有声书，听众数量庞大。为了提升节目热度，热播剧中的主演还会在有声书最开始做内容推介，例如《大江大河》的主演杨烁、王凯、董子健都在《大江大河》有声书的开头录制了专门的收听邀请。央视出品的大型文化节目《朗读者》自第一季节目开始，就采用了在喜马拉雅FM同步音频更新的播出模式，目前《朗读者》两季在喜马拉雅FM的播放量高达11.5亿，传播影响覆盖上亿名用户。

跨平台联动的品牌营销战略

（一）跨平台的内容联动

声音具有较强的伴随性，能够在用户活动时打造一个平行空间，将用户的双眼和双手解放出来。因此，音频能够填补用户在眼球之外的内容消费需求。这些优势使得喜马拉雅FM与其他形态的内容平台之间的合作成为必然，也让喜马拉雅FM涵盖文字、图片、音频、视频的多形态内容合作生态图谱逐渐形成。喜马拉雅FM跨平台的内容联动，既丰富了平台内容品类，又拓宽了内容分发渠道，还可以借助其他平台为自身带来流量。

2018年9月7日，百度视频与喜马拉雅FM合作推出音频知识付费产品“听吧”。“听吧”内置在百度视频移动端应用，基于算法和用户主动订阅等功能为用户推荐音频内容。喜马拉雅FM的大量免费音频节目和知识付费内容都在“听吧”上线。对百度视频而言，进入音频和知识付费领域是加入音频赛道，而于喜马拉雅FM而言，无异于增加了一个稳定的流量入口和线上内容分发渠道。2018年9月13日，喜马拉雅FM与腾讯视频宣布推行联合会员计划，被业内视为内容消费领域的第一个“超级会员”。用户可以从视频或音频的单一体验过渡到跨时空、跨场景的全方位体验，从单一的娱乐或知识类内容消费过渡到娱乐、综艺、泛知识的全内容一网打尽。此外，“喜马拉雅inside”开放平台在自身App之外拓展了UC头条、腾讯阅读等渠道，不仅向其开放平台内容，还提供音频技术服务，构建起自身的分发矩阵。

（二）“线上+线下”活动营销促进品牌传播

各类线上、线下活动能够吸引用户的广泛参与，可以在短时间内提升品牌的知名度，增强用户黏度，实现用户留存。2018年，喜马拉雅FM为了提升自身品牌知名度，组织了形式多样的线上、线下活动。2018年4月23日，喜马拉雅FM在世界读书日发起“423听书节”，倡导听的价值；6月6日，举办第二届“66会员日”，为付费用户提供更为优质精准的服务；8月15日，喜马拉雅FM“大脑加油站”亮相上海书展，开辟独特线下场景体验；2018年12月1日—3日，主题为“你来听，我买单，4.8亿人一起的狂欢”的第三届喜马拉雅FM“123知识狂欢节”如期举行。据了解，此届“123知识狂欢节”内容消费总额超过4.35亿元，远超第二届的1.96亿元。同时，付费内容更加多元化，2017年的“123知识狂欢节”付费内容只有31万条，而2018年“123知识狂欢节”付费内容就有138万条，是上年的4倍多。

这些活动既提升了喜马拉雅FM的品牌知名度，促进了其内容产品销售，也强化了喜马拉雅FM与用户之间的连接和互动，实现了用户沉淀。

（三）冠名热门综艺节目，提升品牌曝光度

近年来，热门综艺节目拥有数量巨大的观众，为此，喜马拉雅FM通过冠名与自己调性一致的节目实现对自身价值理念和内容信息的传播。其中，喜马拉雅FM对浙江卫视“思想跨年”晚会和湖南卫视《声临其境》节目的冠名赞助是经典案例。

喜马拉雅FM作为一个泛知识平台，思想输出是其重要的价值诉求，这与浙江卫视推出的“思想跨年”晚会的价值理念高度一致。喜马拉雅FM从2018年开始连续两年赞助浙江卫视的“思想跨年”晚会。在晚会之前，喜马拉雅FM借由各种形式新颖的线上活动，为跨年晚会造势，也实现了对自身品牌的推广和用户导流。2018年12月，借由喜马拉雅FM的App官方平台，吴晓波发起了“时间胶囊”活动，所有人都可以登录喜马拉雅FM的App，利用平台的功能，将自己对未来十年的期待通过录音保存并上传，喜马拉雅FM将会把这些录音保管十年。而吴晓波作为发起人，将会在“浙江卫视2019思想跨年”中选取部分网友上传的时间胶囊分享给全国观众。活动中吴晓波、《好好说话》节目团队等喜马拉雅FM付费内容的制作者亮相，间接实现了对这些付费内容产品的推广。

作为一个综合性的音频平台，喜马拉雅FM最大的内容特质是用声音演绎价值。这与湖南卫视中国首档原创声音魅力竞演秀《声临其境》的节目定位相一致，因此，对《声临其境》第二季的冠名能够为其品牌传播起到助推作用。从预热到节目正式播出，喜马拉雅FM为此打造了一系列以转化为目标的联动营销。为配合节目推广，喜马拉雅FM在上海、北京、长沙等多地推出了“《声临其境》配音间”，将配音这个相对私密化的动作带入公共领域，为节目开辟“第二赛道”的同时，也孵化线下IP，将节目和平台都融入用户生活场景。《声临其境》的节目音频内容不仅在喜马拉雅FM上同步播出，节目播出期间喜马拉雅FM还同步上线了“全民配音海选赛”，邀请用户在线上组队参与《声临其境》，并有机会与大咖一同“飙戏”。喜马拉雅FM还是《声临其境》第二季特别设立的“最具人气男声”和“最具人气女声”的唯一投票平台，用户进入节目专区就能为喜爱的声咖投票助力，最终还有机会亲自为人气男女声颁奖。这一冠名活动为喜马拉雅FM提高了知名度，带来了粉丝流量，也实现了对电视节目的观众反哺。

基于生态圈建设的硬件终端布局

随着语音识别、人机交互、物联网等技术的成熟，智能终端已经成为内容分发链中不可或缺的一环。用户可以根据自己的兴趣和场景需求，通过手机、电脑、汽车、智能家居、智能穿戴等智能终端，随时随地播放网络音频内容。在网络内容音频的内容分发体系中，智能终端既是内容的入口又是内容的出口，在网络音频生态链中地位日益凸显。因此，各大网络音频平台通过自主推出硬件终端或者与硬件生产商合作的方式，布局硬件终端系统。尤其是“车联网”“智能家居”等概念的兴起与实践，推动了车载音频、智能音箱等硬件的发展。

随着移动音频逐渐进入大众生活，喜马拉雅FM构建了名为“新声活”的未来发展蓝图，开拓基于场景的有声内容消费市场，从上游不断进行内容孵化，同时在下游围绕手机、车载、智能硬件建立全面的内容分发体系，构建一个完整的音频生态圈。

喜马拉雅FM于2015年发布了“喜马拉雅inside”开放平台，由喜马拉雅FM提供软件植入和节目输出，与下游硬件厂商广泛展开合作，为智能硬件设备提供有声内容的一站式解决方案。2015年7月，车载智能收音机设备“随车听”上线，车主将“随车听”安装在车上后就可以随时随地免流量收听喜马拉雅FM的音频资源。2015年10月，喜马拉雅FM推出有声书硬件终端“听书宝”。2015年11月，配合《童话大王》创刊30周年纪念日，喜马拉雅FM与“童话大王”联手推出“舒克智能童话故事机”，专门为0—6岁儿童提供音频故事内容。2017年6月，喜马拉雅FM推出国内首款主打内容的AI音箱——“小雅”，用户通过声音即可实现内容搜索和播放，不仅提高了用户使用的便利性，人机交互功能还进一步满足了用户情感伴随的需求。2018年5月，喜马拉雅FM推出了面向儿童的智能音箱“晓雅Mini”；2018年12月，喜马拉雅FM进一步推出智能音箱“小雅Nano”。目前喜马拉雅FM音频内容已接入智能家居、汽车、音响领域等300多家品牌：在车载终端领域，前装市场与宝马、福特、吉利、一汽等60家主机厂的百款车型合作，后装市场与飞歌、纽曼等10家顶级设备商合作；在智能家居领域，与小米、飞利浦、华为、海尔、联想、美的等终端实现合作。

对智能终端的投入不仅奠定了喜马拉雅FM未来音频市场的消费基础，还可实现内容的精准投放。此外，智能音箱等智能硬件产品巨大的市场潜力还能够为平台带来巨额的销售收入。例如，喜马拉雅FM推出的免费听会员精品节目的“小雅Nano”音箱将会员价值与硬件相结合，打造闭环式会员增值服务，发布40个小时后，10万台即告售罄。

综上所述，我们可以看到，喜马拉雅FM通过立体多元的内容体系、多渠道的品牌传播体系和全场景的终端体系构建成了贯穿上下游的相对完整的生态圈。完整生态圈的建立不仅能够增强喜马拉雅FM对激烈市场竞争的应对能力，而且为其市场营收开拓更多可能路径。

（作者李丹阳，中国传媒大学博士生、山东省广播电视局新闻研究所编辑）

专家点评

把声音的长板做得更长

管理理论中一个经常存在的争论是究竟应该把“长板变得更长”还是把“短板变得更长”，也就是说，一个企业的竞争力是来自发扬自己的长处还是提高自己的短处。这个理论争议也可以延伸到传播领域，在如今的全媒体传播时代，一个媒体应该在文字、视频、声音、动画等各个方向发展，还是紧咬住某一个特定领域发展？

我们看到，过去几年以来，有些媒体在全媒体方向上取得了不错的效果，它们提高了自己原来的短板，而喜马拉雅FM过去几年的发展则是“咬定声音不放松”，把自己在声音传播上的特长进一步发扬光大，同样取得了不俗的成绩，给媒体转型提供了另外一个样板。

正如喜马拉雅FM自己所认识到的，声音作为媒介，有着比文字（书本）更低的门槛和更广泛的可接触性。我们距离形成真正的“全民阅读”还比较遥远，还不能在地铁公交上随处看到捧着书本看的人，但是我们随处可以见到戴着各种各样耳机的人，他们通过声音聆听，一样可以达到阅读的效果。

聆听的习惯已然养成，但是聆听的内容需要与时俱进。在这个过程中，考验的是喜马拉雅FM这些平台的内容生产能力。喜马拉雅FM用自己的行动做了大量探索，无论是音频内容、有声书还是知识付费都做得有声有色，俘获了大量受众，于是，信息、知识、文化、艺术等各种内容通过声音，从喜马拉雅FM平台走进亿万用户的耳中。

（作者窦锋昌，复旦大学新闻学院教授、高级记者）

08 南都大数据研究院

在当今世界，媒体急切需要融合转型。2018年2月，南方都市报（以下简称“南都”）即创建南都大数据研究院，整合原有采编、技术部门。以大数据为切入点，以赋能社会治理为抓手，通过一系列机制改革，成功地向智库型媒体转型，服务政府决策，服务社会治理，服务行业创新，摸索出一条具有南都特色、属于南都自己的融合转型之路。

主题演讲

数据驱动转型　智媒赋能治理

——南都大数据研究院的融合转型探索实践

融合转型是当今世界范围内媒体面临的一个共同命题。但具体到每家媒体，由于其资源禀赋、历史沿革、区域坐标不同，面临的实际问题又千差万别。近年来，南方都市报（以下简称“南都”）结合自身实际，在智库型媒体转型方面做出了一系列积极探索。其中，南都大数据研究院是南都融合转型的重要支撑和引擎。我主要从项目缘起、定位思考、实际运作几个方面，对南都大数据研究院予以介绍。

项目缘起

从2012年开始，传统媒体发展遭遇到史无前例的冲击，作为中国市场化媒体的代表之一，南都也难以置身事外。

“断崖式下滑”成为描述传统纸媒的一个高频关键词。很多陪伴读者多年的知名品牌都遭遇巨大的生存危机，甚至直接停刊关张。其实，“断崖式下滑”是传统纸媒遭遇危机的最直接表象，其实质归结起来无外乎两点：话语权的丧失和用户客户失联。

传播渠道平台的开放普及，让传统媒体人不得不面对一个残酷的真相：纸媒时代的底气和自信，其实很大程度上来自于自身对信息发布渠道的垄断。在万物为媒、人人为媒的时代骤然到来时，传统媒体旧有的生产方式和内容门类面临极大挑战。一方面，对党政企以及各类组织机构而言，创办自己的媒体平台已经是零门槛的事情。很多机构的自媒体平台用户众多，影响巨大，对于本机构或本领域的新闻发布和舆论引导拥有绝对的主导权。另一方面，很多专业自媒体迅速崛起，在各种垂直领域里建立起了自己的传播生态。这都使得受众对传统媒体的依赖程度大大降低。内容发布做不到快速独家，表达方式做不到灵活多元，传播内容做不到深度垂直，读者受众有什么道理固守着传统纸媒呢？

也就是说，在全新媒体格局下，传统媒体的新闻信息发布功能被大大稀释，固守旧有生产运作模式必然导致其在各领域话语权丧失，话语权丧失导致影响力下降，影响力下降导致用户失联，没有用户就没有客户，最终导致被市场淘汰出局。

定位思考

面对这种局面，传统媒体做了很多探索，这几年也产生了很多热词，比如“中央厨房”等等。很多传统媒体都试图通过生产流程甚至物理空间的再造搭上时代的列车。事实上，由于各自的资源禀赋、历史沿革甚至区域坐标不同，各家媒体面临的实际问题千差万别，甚至讨论的就不是同一回事，中央媒体和地方媒体不一样，机关报与都市类媒体更是不同。类似流程再造这样的工作，可能只是传统媒体转型的基本底线，根本不是生命线。

（一）融合转型必须立足自身实际

媒体融合转型，没有统一模式可以复制。但面临冲击，保持定力确实是很困难的事情。现在回头来看，不少都市类媒体犯的一个错误是追随型转型，对移动互联网因为惧怕而迷信，因为迷信而迷失，忘了自己是谁，忘记自己的比较优势、核心竞争力究竟是什么，完全按照移动互联网的节奏走，试图在自己完全不懂的赛道里竞争，结果可想而知。

“若不进入传统，则无法添加新物”，实践证明，“自己的肉长在自己骨头上”的融合转型路径更符合媒体实际。经过严格训练的优秀采编团队、优质原创内容和能力，才是传统媒体最大的比较优势。在此基础上，打造新能力、增创新优势才是正道。

那么，对处在转折点的南都而言，我们还拥有什么呢？可以概括为“公信力、传播力、连接力、数据力”。前面三“力”，对所有传统机构媒体而言，都依然是巨大的比较优势。数据力，则可能是南都的个性化优势。早在2012年，南都就成立了数据新闻工作室，试水数据新闻、可视化新闻、评价类新闻，获得了市场的积极反馈，也形成了初步的人才储备和生产模式。

（二）融合转型需要结合时代主题

在转型探索过程中，我们发现，以大数据为切入点，扣住了时代的主脉。我们的时代背景是什么呢？

这是数据驱动的智能时代。未来似乎一夜之间就到了我们身边。“万物互联”“大数据”“人工智能”“云计算”等，从来没有像今天这样与我们的日常感知如此接近。

中科院院士、北京理工大学副校长梅宏表示，大数据应用成为一种趋势，不仅在于它能提升人们生活的便捷度，改变人们的生活习惯，还在于它背后的观念变革，有可能引起社会结构的变化。某种意义上，谁能下好这步“先手棋”，谁就能掌握开启未来之门的钥匙。可以说，数据驱动的智能时代正在到来。

这是协同共治的新时代。党的十八届三中全会，正式提出了推进国家治理体系和治理能力现代化建设；十九大对中国社会主要矛盾变化做出战略判断，并明确提出打造共建共治共享的社会治理格局；十九届四中全会继续聚焦于国家治理体系和治理能力建设，系统地总结了“中国之治”的13项制度原则，明确提出了建设社会治理共同体。

习近平总书记强调，要运用大数据提升国家治理现代化水平。要建立健全大数据辅助科学决策和社会治理的机制，推进政府管理和社会治理模式创新，实现政府决策科学化、社会治理精准化、公共服务高效化。

事实上，在媒体日常工作中，确实能真切感受到时代主题的变化，社会治理的协同创新、高质量发展的切实抓手、人民群众对美好生活的期待正成为地方党委政府的施政痛点所在。

时代主题的改变，使得社会对媒体的需求点也在改变。也就是说，传统媒体必须重新找到自己的价值实现方式。

（三）建设独树一帜的数据型智库媒体

结合时代背景和自身禀赋，2018年2月，南都大数据研究院（以下简称“研究院”）应运而生。

研究院的功能定位是：以数据生产为核心，以数据挖掘分析技术为驱动，以行业标准制定为抓手，主动将自身纳入国家治理体系和治理能力现代化建设，努力成为区域和行业治理链条上的一环，打造成为中国最具传播力、引导力、影响力、公信力、研究力、服务力，且充分实现市场价值的数据型媒体智库。通过数据产品反哺传统内容生产、丰富内容门类，保持新闻影响力在高位运行。推动南都从单一产业向多元产业转型，最终实现深度融合、全面转型。

实际运作

两年来，研究院基本形成了自己的运作方式。

（一）组织架构

研究院下设数据研发部、创意互动部、可视化部、课题中心、民调中心、数据项目运营部。其中，课题中心是虚拟部门，南都采访中心记者团队的课题在经过遴选后，会纳入研究院课题中心进行统一运作管理。

（二）人员队伍

研究院人员队伍主要分成几部分，以南都原来的数据新闻工作室为班底，组建了数据研发部，主要负责数据新闻、产品、项目的研发规划制作；民调中心由原来的呼叫中心改造而来，其功能从传统媒体时代的受理电话报料，升级为民意调查和数据采集；整体而言，研究院还增加了大量的数据分析、技术、设计、运营人员，对南都而言，其头衔是史上从未有过的，包括研究员、数据编辑、数据采集员、民意调查员、数据分析师、前后端工程师、爬虫工程师、运维工程师、交互设计师、数据运营员等。

（三）考评机制

推翻传统报社时代的人力评价体系，建立起全新的考评体系和机制：

1. 重建人才序列

对固有单一的采编队伍进行重新调整，划分五大序列：

采编，继续从事采编工作，更强调对优质原创新闻的贡献；研究，转向深度垂直领域的研究，以课题为工作中心；产品，强调以数据为基础的产品应用开发为主要职责；技术和设计，提供支撑保障。

2. 划分能力级别

参照互联网公司，将不同序列岗位分别划分七个能力级别，对各个能力级别的要求根据报社的转型方向进行具体定义，各个序列岗位的能力要求侧重点也各不相同。

3. 一人一策考评

制定个性化考评标准，按照一人一策的方式进行考评。

4. 实施区间薪酬

打破既往计件制薪酬制度，改为年薪制，但年薪不是固定的，而是区间年薪。这样既照顾到适应多元业务，又起到激励作用，避免吃大锅饭。

5. 记者全员课题化

对记者团队重新梳理，圈定20%的人全力负责公共新闻，致力于大众传播；剩下80%的人分别编入不同课题组，新闻报道和行业研究并重，倒逼记者改变跑线方式，促进人员的优化提升。

（四）产品形态

经过两年来的运作，研究院形成了八大产品形态：数据新闻、榜单评价、民意调查、咨询研究、鉴定评测、评估认证、数据库、轻应用。

以榜单指数为例，目前已经成为南都内容生产的常态。比如，研究院联合美国国际数据集团（IDG）在中国创交会上发布首届中国孵化器50强榜单，成功举办孵化器创新论坛。研究院成为首个登陆中国创交会的媒体智库，在活动现场，得到全国政协和广东省相关领导的高度认可，充分肯定南都发挥媒体智库作用、助推创新创业的实践探索。

（五）生产模式

不同课题项目在推进过程中形成了各具特色的研究方法、生产经验和运作模式。我们将其简单归纳为九种类型：治理驱动、新闻驱动、数据驱动、调研驱动、行业驱动、评价驱动、技术驱动、合作驱动、产业驱动。

以“广州城市治理榜”为例简单介绍一下该项目的运作模式。广州城市治理榜，是南都针对广州地区城市治理推出的一个城市治理类媒体智库产品，其产品形态包括以下四种：

1. 榜单评价

这是治理榜的核心产品，主要通过大数据的抓取、建模、分析，结合实地调研采访，对广州市区镇街以及公用事业部门全年表现进行打分排名。这份核心报告，每年发布一次。

2. 线下活动

线下活动主要包括三方面：第一，对榜单内容进行盛大发布，对治理先进单位予以致敬，同步举办城市治理创新论坛。第二，搭建沟通平台，推出“坐下来谈一谈”的论坛子品牌，针对具体问题，走进社区，走进现场，邀请治理各相关方坦诚沟通，凝聚共识。第三，组建“南都治理观察团”，邀请人大代表、政协委员、专家学者就具体治理案例进行实地走访，调研观察。

3. 垂直研究

针对垂直细分领域，进行深入调查研究，作为地方党委政府工作的督办指南、决策参考。

4. 参与共建

成为区域治理链条上的一环，是研究院目标定位之一。所以，研究院不仅要做报道者、传播者、研究者，还要做“共建共治共享”的践行者。比如：“天河优创”项目，直接助力广州市天河区的孵化器发展；CBD提升计划，直接参与广州市珠江新城的城市空间改造提升。

此外，依托于技术驱动的“文明城市测评系统”、致力于隐私保护认证培训的“个人信息保护研究中心”等，都是有代表性的课题项目，都形成了自己的特色和生产模式。

（六）生产机制

研究院成立之初，就提出了新闻与智库是南都的“车之两轮、鸟之两翼”，相辅相成，缺一不可。事实上，经过两年的运作，我们也发现，智库生产不仅没有耽误新闻生产，反而促使找到更多选题，进一步提升了新闻影响力，在媒体格局中实现了差异化竞争。这有赖于研究院内部构建起来的新闻和智库生产之间的融合机制、协作机制、反哺机制。

比如，新业态法治研究中心持续发布了《搜索引擎医疗广告测评报告》《网络黑灰产治理研究报告》。这些课题项目触及的是具有全民热度的话题，其研究成果也是重磅新闻，所以，都在新闻传播方面获得巨大反响，引起人民日报等中央媒体的关注和转载。

其实，从2016年南都独家调查“700元买到同事全部个人信息”开始，南都在个人隐私保护以及互联网黑灰产业领域就形成了新闻和研究互相促进的模式。目前，新闻和智库生产之间的这种良性运转机制已经日臻成熟。

（七）基本成绩

研究院成立两年来，已经成长为南都智媒转型的核心引擎和重要支撑，其基本成绩可以概括为以下八大方面：

（1）错位内容生产：这大大丰富了传统媒体的内容门类，建立了与同行之间的内容供应差异性，重新定义自己的内容特色。

（2）参与社会治理：通过智媒转型，躬身入局，参与治理，换一种方式承担媒体的社会责任和国家使命。

（3）推动技术基建：基本完成了纸媒向智媒转型的基础设施搭建。

（4）重新连接用户：通过组建教育、金融、健康等六大联盟，深度介入行业治理，并初步建立会员体系，实现了用户的重新连接和精准运营。

（5）创新经营业态：新产品、新模式带来了新服务能力，南都从营收结构上正在逐渐摆脱对传统的广告依赖，形成新的经营业态。

（6）重构团队人力：一大批深耕专业领域且经验丰富的记者和编辑成为研究员、产品经理，新的人才梯队正在形成。

（7）社会影响正向：两年来，研究院得到了政、学、商界以及社会大众层面的积极评价。研究院核心产品“广州城市治理榜”获得首届“中国城市治理创新奖”。

（8）经营业绩回升：2018—2019年，南都经营业绩连续逆势增长，接近历史上最好的时期。

（八）问题与不足

当然，研究院在发展过程中依然面临一些问题和不足，主要体现为人才、技术、资源、品牌、机制等方面支撑不足，造成一系列问题、障碍、束缚，使南都还不能充分释放自我。刀刃向内的自我革命，依然是南都接下来发展的关键词。

如今，打造中国特色新型智库已经上升为重要国家战略，开启了智库发展的新时代。媒体转型迎来重大机遇，也面临新的职责使命。在牢牢坚持正确政治方向、舆论导向、价值取向的前提下，南方都市报明确提出了“做中国一流智库媒体”的发展愿景，以大数据研究院为抓手，在“中国之治”新时代担当社会责任，承担国家使命。

（演讲者王海军，南方都市报副总编辑、南都大数据研究院执行院长）

案例分析

智媒生产强化双轮驱动　人才体系构筑五大序列

——南方都市报智媒转型的机制创新和考核管理

在推进智库媒体转型建设过程中，南方都市报（以下简称“南都”）面临的首要问题就是生产机制的改革创新和组织架构的调整适配。如何形成新闻生产和智库生产互为促进的生产机制？如何用技术创新和创意传播为智媒产品赋能？如何设计考评体系推动人力资源转型成长？这些命题直接事关转型的成败，是南都推进智媒转型的重要抓手。

南都大数据研究院成立近两年来，勇于改革，守正创新，不断探索智库媒体生产新机制，逐步形成智库媒体发展新动能，有效推动转型人才培养和转型团队建设，探索形成一条智媒转型的新路径。

组织架构调整：推动全员转型

（一）南都大数据研究院成立建设转型先头部队

2018年2月成立的南都大数据研究院对原有采编、技术部门进行整合。研究院的架构设计和部门建设形成了南都智媒转型的先头部队和支撑力量。

其中，产品部规划设置的岗位包括研究员、数据编辑、数据分析师，技术部包括开发人员、产品经理、设计师等岗位。这些部门为智库产品提供数据抓取清洗、建模分析以及移动端的可视化、产品化包装服务。民调中心在传统的民调呼叫中心基础上转型，除了呼叫业务外，民意调查和数据采集是目前的重点工作领域。数据项目运营部负责数据服务和产品的市场运营。

（二）采访中心和课题中心充分融合

南都的智媒转型注重推动全员转型，只有全员转型才是真转型。南都大数据研究院在构建课题研究团队的时候并没有另起炉灶，而是充分发挥采编团队在垂直领域积累的优势和资源，推动成熟的采编团队向课题研究方向就地转型，形成“一套人马，两种职能”的组织结构，使南都采访中心和南都大数据研究院的课题中心充分融合。

2018年，南都以部分新闻部门为试点，组建了新的采访中心。其与传统采编部门最大不同在于：对其考核不仅有传统的采编生产，还有课题研究。根据课题项目，在采访中心内部形成了7个专项课题组，既负责日常相关领域采编事务，又负责专项课题研究。

2019年初报社启动新一轮体制机制改革，采编指挥中心架构进一步优化，目的就是在新闻内容生产和智库课题生产方面建立起更加顺畅的协同机制。采访中心在前一年试点基础上迎来力度更大的改革，打破新闻部门壁垒，形成更加垂直的生产单元。记者团队经过重新梳理后，圈定20%的人全力负责公共新闻，致力于大众传播，剩下80%的人分别编入不同课题组，致力于行业研究。

采访中心目前下设6个新闻组和5个工作室，分别是热点调查组、北京新闻组、省情与功能区新闻组、政经与城市治理新闻组、法治与综合治理新闻组、湾区文化新闻组6个新闻组，以及信息安全、教育、科创、湾区、鉴定评测5个工作室。这些新闻组和工作室正在围绕课题项目形成更高效的生产力，并且不断加大融合协作力度。编辑方面整合成立大编辑中心，打通白班和夜班，融合网端和报端，将传播资源精准匹配到合适的内容，实现一次采集、多渠道分发。优化稿件编发流程和对接机制，大量非时效性版面已经实现提前对接和白天制作，使更多编辑对接到课题项目中。

（三）技术和创意为内容生产赋能

2019年初南都还成立了技术与创意中心，进一步强化了技术、创意和设计对内容生产的支撑，对于提升课题影响力和传播力发挥了重要作用。其中技术部门聚焦数据抓取、数据分析、交互设计等主流技术应用，是数据驱动智库生产的重要支撑。创意和设计部门不断拓展移动传播的交互应用边界，在数据可视化、课题品牌化、应用产品化方面发挥了重要作用。

伴随技术、创意的引领和驱动，南都正在从媒体机构向数据公司转型。技术支撑是实现智库产品批量化、规模化生产的关键，创意支撑是提升智库成果传播效力的重要引擎。

生产机制再造：新闻与课题互为驱动

建设智库并非不做新闻，而是以新闻生产的影响力为基础，打造智库产品，又以智库产品的研究力反哺新闻生产，提高新闻产品的能量密度和思想深度，形成新闻生产与智库产品之间相互支撑、相辅相成的良性互动。

南都智媒建设一直以来都特别强调新闻和智库之间互为补充、互为促进的关系，新闻内容生产和智库内容生产是智库媒体建设的车之两轮、鸟之两翼。很多课题研究的影响力塑造得益于新闻优质原创内容在议程设置方面发挥的重要引领作用。与此同时，智库媒体的价值恰恰在于不仅停留在发现问题、报道问题，还致力于研究问题、探寻问题解决之道，也就是实现了媒体从传统单一的传播角色到研究、参与、共建的多维角色转型。

南都大数据研究院成立以来，采编资源围绕重点课题和重大项目快速形成生产力，在多个重要节点形成了数据研究反哺新闻、新闻传播带动课题的良好态势。比如，2019年全国“两会”期间产品部和北京记者提早谋划建立两会数据库，制作“秒懂”系列数据产品，在“两会”期间形成爆款传播。要闻编辑部首次尝试在全国“两会”高端访谈内容基础上制作两会智库报告《预见2019》。在2019年4月23日世界知识产权日，南都在报网端推出7个版的策划，同步推出《图片类著作权诉讼案例统计报告》等多份智库报告，打出“调查报道+智库报告”组合拳，剑指图片、游戏、网购、音视频直播等领域侵权乱象，获得广泛关注。“南方都市报”App还开设了《知产观察》专栏，吸引了467万人关注，有力形成报道声势。用数据技术驱动新闻调查，用智库研究反哺内容生产，2019年以来南都已多次推出“调查报道+智库报告”组合产品，持续推进内容生产融合转型。

人力管理创新：五大序列拓展新赛道，构筑新能力

从2018年开始，南都启动人力资源体制改革，岗位架构从原来只有采编一个序列拓展为五大序列，分别是采编序列、研究序列、产品序列、技术序列、设计序列。每个序列按照P1至P7设计能力层级。

其中，采编序列的主要工作内容为新闻生产，强调采编专业能力、融媒体生产能力、全媒体策划统筹能力等；研究序列的主要工作内容为智库研究生产，能力侧重于研究生产力、资源连接力等；产品序列更强调对产品设计、运营推广的能力，要求侧重于产品创意、资源整合，实现产品的市场价值；研发序列的主要工作内容为新媒体技术和数据技术的开发和维护；设计序列的主要工作内容为平面设计、动画制作等，侧重于产品创意和设计服务能力。

这样的序列设计因应南都转型对人才需求的转变，为员工提供了更多专业技术发展空间。南都智库课题的很多优秀牵头人在新一轮专业技术岗位竞聘中进入了研究序列或产品序列，在新赛道中构筑新能力。比如研究序列的评级指标会从数据思维、项目管理、课题规划、资源开拓等维度提出具体要求，而产品序列会对创意思维、用户体验管理、内外部资源整合、运营意识等方面提出具体要求。

例如，南都首席编辑黄海珊牵头粤港澳大湾区工作室课题研究，工作重心从原来的采编领域拓展到研究领域，2019年不仅每个季度发布一份湾区观察报告，而且打造推出了具备鲜明个人IP色彩的“湾区财富3分钟”音频产品系列和“湾姐朋友圈”会员服务体系。南都鉴定评测课题组的牵头人陈养凯从原来的编辑岗位转型到产品岗位，带领团队专注打造“南都优选”“南都鉴定口碑榜”“南都质量公开课”等鉴定产品系列，并且对用户体验负责，不断优化提升产品功能，根据应用场景丰富优化产品细节。

目前，从第一批完成评聘的235人来看，采编岗位占26.8%，研究岗位占28%，产品岗位占29.4%，研究岗、产品岗的占比均超过传统的采编岗。一大批优秀采编正在转型成长为优秀的研究员和产品项目带头人。

考核机制改革：抓住智媒转型的指挥棒

绩效考核机制就是智媒转型的指挥棒，在智库媒体转型建设中发挥着

重要的驱动作用。在考评机制改革方面，南都大数据研究院实现了全员区间年薪制，摒弃了原来计件工资的绩效考核传统方法，不再简单唯发稿数量或做版数量决定收入。

在信息爆炸的移动互联网时代，计件工资的考核办法已经完全不适应媒体转型需要，基于数量的考核并不能推动宝贵的人力资源将注意力朝优质原创和项目研究方向转移。

破旧立新，新的考核制度在南都大数据研究院展开了试点。人力资源部门和业务部门联合制定“一人一策”的月度和年度考核指标，在工作量、工作成效、数据库建设、资源开拓、部门协同等多个维度开展工作评价。

值得一提的是，围绕不同课题和不同项目，绩效考核指标会强调目标需求和结果导向的精准适配，不简单套用评价指标，不简单唯传播数据论，而是根据课题性质设计更符合课题发展需要的评价指标。比如，对于采编序列的评价更强调新闻传播效果，所以阅读量就是最直观评价标准。而对研究序列的课题项目来说，精准影响到政策制定者或者行业决策者，将更能体现课题研究成果和研究价值，所以智库报告的专家评价、行业反馈等维度就更多适用于研究序列的绩效考核标准。

技术驱动转型：智能化工具让内容生产如虎添翼

大数据作为重要生产要素已经具有重要资源属性，南都智媒的转型和发展正在依托大数据资源构建自身的核心竞争力。2019年南都技术部门在数据中台建设、数据库建设、智能写作研发方面并驾齐驱，打造数据资源规模化、智能化、标准化的服务能力，实现功能模块化调用，实现从管理数据到运营数据，打造“数据石油”的炼油厂，用强中台赋能前台智库课题的内容生产，有效提升智媒生产效率。

其中，南都大数据中台架构核心思想是“共享”和“复用”，制定完善的数据管理规范，对资源获取、采集、入库、加工、权限、使用、输出做好全链条制度约束。大数据中台主要由五大块功能组成：数据采集、数据分析、数据存储、数据治理、数据服务。其目标是内部或外部第三方应用不必关注底层数据准备情况，直接调用数据服务模块对外提供的服务接口，方便进行二次开发，借以增强自身的能力。数据中台的建设将有助于数据标准化采集和标准化存储，最终实现标准化应用，避免重复建设，促进数据协同共享。

在数据库建设方面，目前南都已经建设运营了30个垂直领域数据库，累计归集数据规模达到30亿量级，开发了110个数据分析模型，有力支撑了课题研究。比如，新企业声誉数据库2.0监控企业由143家增加到274家，声誉值计算增加舆情风险度、隐私安全性、被告案件量、行政处罚量、失信行为、社会责任意识、资本亲近度等维度，使声誉值更为全面、客观，更能反映企业对于舆情应对的效率。南都优选数据库，通过构建质量数据库和买家评论口碑数据库，实现对全国各地市场监督管理部门通报检测检验公开信息的全覆盖监控和抓取，实现对重要电商平台买家评论的大规模语义分析，为南都鉴定课题内容生产提供数据支撑。

在构建智能化内容生产和传播技术储备方面，南都在2019年推进了智能写作平台建设，开发金融自动写稿机器人，自动实时采集上交所、深交所各大上市公司人事变动公告信息，再结合自动抓取的公司股票信息、市值情况、公司简介、人物生平阅历等形成金融领域知识图谱，从新信息发现到自动成稿、从公告发布到稿件生产全流程不超过5分钟。金融写稿机器人在“南方都市报”App上开设了T财经专号，已经写稿近500篇，篇均阅读量为4500，最高阅读量也创造了10万+。

此外，通过开发线索机器人，实现对重要新闻源网站信息的实时监控，可由记者编辑自行选择监控渠道，设置监控的关键词，即时推送监控信息到微信。目前有过百名记者编辑在使用，第一时间发现新闻，第一时间推送传播，通过智能监控技术有效解放生产力，提高资讯传播时效性。

综上所述，构建组织创新、流程优化、人才多元、考核匹配、技术驱动的体制机制成为南都推进智媒转型的重要支撑，实现了用改革激发生产潜能，用制度保障改革行稳致远，取得了更大成效。

（作者王海军，南方都市报副总编辑、南都大数据研究院执行院长；王卫国，南方都市报编委、南都大数据研究院秘书长）

专家点评

顺势而为，精耕细作，地方媒体融合转型的一次突围

相对于中央级媒体而言，地方媒体融合转型的任务格外艰巨。一方面，中央级媒体坐拥别人难以企及的高举高打的资源优势，而很多地方媒体却捉襟见肘、困难重重；另一方面，不同地方媒体所处地域的经济发展水平也不尽相同，资源禀赋有天然差异，彼地成功的融合转型模式未必适合本地，难以被简单复制。最终的突围，还是要看地方媒体的决策层如何审时度势、因地制宜。南方都市报（以下简称“南都”）创建南都大数据研究院，以大数据为切入点，以赋能社会治理为抓手，通过一系列机制改革成功地向智库型媒体转型，服务政府决策、服务社会治理、服务行业创新，摸索出一条有南都特色、属于南都自己的融合转型之路。在我看来，这是地方媒体审时度势，扬长避短，充分发挥了自己的比较优势和核心竞争力，借由科学定位、机制创新以及新闻与智库协同制胜、两翼齐飞的精耕细作，才实现的一次媒体融合转型模式上的创新实践，其经验值得更为细致全面地梳理总结。当然，我们现在说南都已经实现了媒体融合的华丽转身为时过早，其经营业态如何进入持续的良性循环还有待观察。但向智库型媒体转型，服务地方政府，服务社会治理，服务行业治理和地方产业的升级换代，这无疑是地方媒体在融合转型的过程中可以大有作为并且蕴含极大机遇的一个突围方向。

（作者徐慨，南京大学新闻传播学院教授）

09

“爱安吉”App

在县级融媒体中心建设中，安吉新闻集团坚持移动优先发展战略，积极探索“互联网+媒体”的智慧信息产业发展模式。其自主研发的“爱安吉”App融媒体移动终端，成为县域范围内老百姓喜欢看、喜欢用、离不开的融媒体移动终端，也为大数据跨平台、跨网络智慧城市应用服务提供解决方案。“爱安吉”App不仅收录了报纸、广播、电视、网络等多个渠道的新闻内容，还将视频直播技术引入广播节目。用户可以直接在手机上观看电台直播间，这使得广播节目可视化成为可能。不仅如此，地方政务、街道资讯、美食娱乐、电话大全、天气预报等与普通民众密切相关的内容的引入，使“爱安吉”App不仅成为信息传递平台，还成为安吉居民日常生活的得力助手。

主题演讲

县域智慧城市架构下的融媒体解决方案

在县级融媒体中心建设中，安吉新闻集团坚持移动优先发展战略，积极探索“互联网+媒体”的智慧信息产业发展模式，在重塑“统一策划，统一派工、采集，分类编辑，分平台推送”的新闻采编流程的基础上，海纳新闻舆论、社会治理、便民服务等互融互通和黏合推动的“贴地”平台，自主研发“爱安吉”App融媒体移动终端，成为县域范围内老百姓喜欢看、喜欢用、离不开的融媒体移动终端，也为大数据跨平台、跨网络智慧城市应用服务提供解决方案。目前，下载用户达20万户，日阅读量5万人次以上，活跃度40%，并在全国30多个县得到推广应用。目前，“爱安吉”App已从5个维度提供了县域融媒体的解决方案。

一是多媒介全方位新闻发布平台。新闻资讯是“爱安吉”App的首设版块，包括新闻、乐活、直播、看电视、听广播、读报纸、闻艺等模块，可实时收听收看安吉广播电视台各频道、各档新闻栏目及广播直播、报纸《安吉新闻》。在新闻上，实行24小时50条次以上资讯滚动播出，用户可实时浏览本地图文资讯、中央及省市各权威媒体发布、乡镇部门及社会上各类政务微信公众号内容；借助直播系统，实时推送县域内各类大型活动，每年直播100场以上。尤其是广播直播，一改先前“我播你听”的形式，创新地把主持人播音间实况直播到移动端，听众与主播可以实时互动和打赏等。

二是整合各方公众参与的舆论引导平台。与以往群众通过报纸、电视、网站获取部门信息相比，“爱安吉”App实现了大容量、集成化的效果。目前，已经有国土、农村产权交易、交通、供电供水、气象等20余个部门在这里进行了部门职责和办事指南等信息的发布。以国土资源为例，群众点击后可以阅读政务公开、机构设置、政策法规、公众服务、土地市场等多个版块的最新资讯，既可以查询不动产登记，还可以看到土地利用的规划红线，实现了政务信息与群众的零距离衔接。同时，在App上，安吉所辖的2个开发区及15个乡镇（街道）进行分区域新闻集聚，以"乡镇首页+17个小栏目"为主，可进行选择性阅读，极大地丰富了乡镇新媒体资源，可及时发布相关信息和资讯。用户可以通过绑定微信账号的方式进行内容分享，比如转发QQ、微信好友和朋友圈等，也可以绑定微博账号来进行内容分享转发，并与频道栏目、主持人进行微博互动。

三是社会治理体系的综合信息平台。充分考虑社会综合治理的中心环节，设置"消费维权""平安安吉""看安吉"等版块。在"平安安吉"版块中，警务广场、阳光司法、网格管理等构建起"平安安吉"的移动端建设；在"看安吉"版块中，按照乡镇、村的方式，导入全县各地公共区域的万余个视频监控探头，实时查看各地大到交通要道、卡口，小到村前户门的动态。版块的设置极大方便了基层的社会管理和群众的自治，在重大节假日的安全防范、自然灾害天气的应急指挥方面布设了"千里眼"系统，起到了预防、维护、保障的作用。

四是贴近用户的便民服务平台。作为一款区域性App，"爱安吉"App设置了"借车扫码""预约挂号""电影票""爱旅游""安吉美食""汽车票""停车场""电话大全""智慧5189000"等近20个贴近民生的便民服务版块，基本覆盖群众的日常交通出行、娱乐、旅游、美食等需求场景。"安吉美食"是用户喜欢使用的服务之一，这里聚焦了各地300余家的酒店、小吃、火锅、蛋糕、水果等，通过设立可兑现积分的云豆子，把乡镇、部门工作人员的餐饮补贴纳入到云豆子体系，解决了机关干部就餐不便的问题。"智慧5189000"版块，涵盖家政服务、安心维修、特色服务、社区服务、云上家园等内容，一键解决社区居民物业缴费、各类维修等各项社区需求。

五是产业转型升级的推动平台。作为自主研发的融媒体移动端，安吉新闻集团先后投入3000万元用于研发和运行。同时，依托用户量，创新移动端经营创收。2017年"爱安吉"App带来的营业收入超过2000万元，全年在应用模块引入资金流量达到5000万元。其中，通过直播等方式吸引客户投入广告宣传300万元左右；为乡镇、部门提供各类信息增值服务接近500万元；积极拓展应用市场，全国62个县市的落地资金总计超过1000万元，且每年都会有维护、新增版块研发收入。

安吉新闻集团下辖全资子公司，浙江文澜信息发展有限公司于2015年成为国家高新科技企业、浙江省农村信息化示范基地，在2018年成为浙江省重点研发工程——多屏融合项目承建单位，也是安吉县“四个平台”建设单位、安吉县智慧城市建设主要建设单位、智慧旅游，智慧灵峰、安吉惠民卡工程建设单位，连续3年获得浙江省广电系统新潮奖一等奖，并且通过了ISO900质量体系、职业健康体系、环境体系认证。公司取得32项软件著作权、4项实用新型、1项发明专利。

“爱安吉”App被中央媒体和部属高校联手评为2018年度中国网络理政十大创新案例；基于“爱安吉”融媒体移动终端开发的“文明超市”项目获得2019年“好例有”全国融媒体中心案例大赛奋勇当“县”县（区）域平台优秀案例；县级融媒体“爱安吉”获得2019年中国应用新闻传播十大创新案例；“三屏融合”技术获浙江省重点研发计划项目，为全省广电台唯一单位。

接下来，公司通过与浙江大学计算机学院、杭州电子科技大学计算机学院等科研机构海康威视、数梦工厂、华三等优质生态圈企业合作，优先转化科研成果，拓宽建设思路途径。

（演讲者杨巍峰，浙江文澜信息发展有限公司总经理）

案例分析

县级媒体手机客户端运营与探索

2018年1月，中国互联网络信息中心发布了《第41次中国互联网络发展状况统计报告》。报告显示，截至2017年12月，我国网民规模达7.72亿，普及率达55.8%，超过全球平均水平（51.7%）4.1个百分点，超过亚洲平均水平（46.7%）9.1个百分点。媒体传播平台也从传统媒体平台转为“两微一端”等新媒体平台，特别是App手机客户端已成为传统媒体入驻移动互联网、发展媒介融合的重要手段之一。

安吉广播电视台从2013年开始研发手机客户端产品，以“新闻+服务”的理念，全力打造本土融媒体移动平台。核心定位是为本地百姓提供基于新闻资讯、生活服务、智慧城市应用、社交互动等方面的融媒体手机平台。其中，新闻资讯整合电视、广播、报纸、杂志等传统媒体内容，在新闻资讯上实行碎片化信息的再次编辑加工，推送符合新媒体的阅读习惯的内容。生活服务提供美食、电影票、旅游、汽车票、商超、商家抽奖等服务，智慧城市应用提供公共自行车、城市视频监控、停车等服务。“爱安吉”App在资讯之外突出服务功能，加强产品的应用性，强化用户的忠诚度，真正实现立足安吉、服务安吉的区域特色。

做强本土融媒体资讯

作为县级媒体，安吉广播电视台提供极具本地特色、接地气的新闻资讯，为受众所喜爱和认可。同时，运用App客户端搭建融媒体移动平台，使数据都掌控在自己手里，具有微信、微博均无法比拟的优越性。

“爱安吉”App新闻资讯版块对广播、电视、报纸、杂志、网站、微信、微博等平台的视频、音频、文稿、图片内容生产素材，特别对新闻素材进行汇聚和集中呈现，并具备资源检索、分类归并、多渠道分发等功能。通过占领目标人群的碎片时间，提供全面迅捷的新闻和资讯、与百姓生活相关的服务信息、丰富的广播电视节目、灵活的社交方式、便捷的消费和旅游体验等，打造一个无线领域的全新媒体。

在栏目设置上，通过网上征集和内部讨论集思广益，最终形成了“新闻”“乐活”“直播”“逗比”“闻艺”“他们”六大版块，同时在资讯首页保留了“看电视”“听广播”“读报纸”三个传统媒体项目，版块的合理布局丰富了内容形式，扩大了浏览群体。

在新闻内容上，主打即时新闻和短视频直播。通过培训，记者通过手机采编系统即可完成App新闻发布和视频直播，大大提高新闻的时效性，每天至少推送2条热点新闻或重要新闻给用户。目前每天本地新闻资讯和外地新闻资讯更新量均保证在50条以上，在短视频直播上全年任务为100场。

2016年10月，在安吉举办的第四届国际无人机大赛上，“爱安吉”App首次展现了融媒体的强大宣传优势，通过建立大赛专题实时发布大赛报道，包括图文、短视频等形式。同时，派出3位直播小编，通过“手机+自拍杆”对大赛各场地进行短视频直播。在为时5天的大赛期间，共发布100多条即时报道、200余张图片、10场短直播，大赛专题共获得12万阅读量。

直播发挥了广电媒体优势，极大地提高了“爱安吉”App的打开率。通过组建专业的直播团队及配置专业的直播设备，加上广电媒体专业的摄像技术，“爱安吉”App直播一上线就取得了非常好的反响。2017年下半年，在原有基础上，技术团队又对App直播进行新版本的研发升级，对互动性做出很大的提升，增加评论弹幕、打赏、充值、点评、排行榜、抽奖等功能。同时，广播台也全面开启App直播，每周一至周五的下午至晚间，广播主持人在App中进行直播互动，通过互动、抽奖、打赏等形式与网友交流，实行3个月以来，获得了极好的效果。2018年元宵节，“爱安吉”App策划推出“喊红包、送汤圆，我和主播闹元宵”活动，运用直播间互动，吸引近5000名网友参与，送出近千份汤圆礼包。

在新闻资讯版块，未来可以融入更多人工智能技术，为用户提供更多元的新闻样式体验。在语音合成技术上，可以考虑打通百度语音或科大讯飞语音，实现App所有文章及数字报的智能语音播报功能。另外，广播台也可借鉴语音技术，实现AI虚拟主持人功能，通过模拟真实主持人的声音，合成节目主持人虚拟声音进行新闻信息播报，完全可以在App开设一档符合网友口味的广播栏目。最重要的是，使用人工智能自动化生产和播报新闻，既可以提高报道的及时性、准确性，避免人为因素造成的差错，又可以将采编一线人员从简单重复繁杂的动态新闻采访和编播工作中解放出来。另外，AR（增强现实）技术也不能错过，相对于传统的文字、图片、视频内容，AR具有更强的扩展空间表现能力；相对于虚拟现实，AR的硬件要求较低，并且其具备虚实结合、实时交互的特点，可通过在App内置AR扫码技术，扫描图形和物体，在手机上呈现增强现实报道形态，使用户可以在具体场景中进行交互。

创新推广获取用户

“爱安吉”App获取用户的成本比较高，安装注册也比微信烦琐。上线之初，就要考虑到推广必须建立在与用户的深度链接上。

在上线之初，负责人员几乎跑遍所有美食商家，与签约的百余商家建立良好的合作关系，连续推出每周三抽奖、美食折扣、美食试吃团、积分兑奖等活动，把最实惠的折扣和丰富的奖品回馈给用户，因此获取了一大批忠实用户。

2015年6月，“爱安吉”App与本土超市“浙北大厦”合作，结合超市周年庆，策划了“爱安吉浙北之夜”大型活动。活动当晚，现场用户必须下载安装App，参与现场抽奖，才能领取店庆活动丰厚的奖品，商家提供了10多万元的奖品。活动前期预热在传统媒体及微信公众号进行了密集的推广，本次活动当晚人气极旺，吸引新注册用户近5000个。

如今网络投票已经成为一种时尚，是一种常用的营销手段，“爱安吉”App在此方面也做了很多尝试，并取得了非常好的效果。2016年4月，结合打造国家田园综合体的目标，安吉鲁家村推出青年众创空间的活动，“爱安吉”App全面参与活动方案策划，针对众创空间以年轻人为主的现状，推出了“阿鲁阿家青年众创开心农场·自拍大赛”活动。活动期间，用户须安装注册App，并自行上传自拍图片，以App投票的方式参与活动，前100名均有丰厚奖品。同时，受众可通过App报名缴费的方式成为众创空间的股东。此次活动收到的效果极佳，共吸引了3000多名用户参与投票活动，拉动超1000新注册人次，30余名网友成功缴费成为众创空间股东，参与方式均通过App来完成。

“爱安吉”App目前已成功举办“最美教师”“最美护士”“道德模范”“安吉骄傲”“饭店大比拼”等投票活动，吸引新注册用户2万名以上。

在App推广上，不断创新推广方式，与相关部门合作，通过内容建设来实现更好的推广效果。2017年8月，以学生暑假安全教育为契机，“爱安吉”App与教育局策划了“暑期安全教育”App打卡活动，通过在App开设“暑期安全教育”专栏，共发布5期教育视频。每期安全教育视频发布后，学生家长必须进入App观看视频并实名打卡，通过此次活动，新增注册用户近3000名。

在推广创意上，目前已小有成就，但未来还有很长的路要走，比如结合当下最热门的活动直播答题，运用人工智能技术AR来做元宵节扫码猜灯谜活动等。

完善城市服务功能

安吉广播电视台以自己建立的大数据中心“安吉云”为基础，建立了多个智慧城市的服务应用，如公共自行车、城市视频监控、智慧旅游、智慧政务等服务。同时，利用App综合应用平台建立相对应的“广电币”，实现市民卡的“线上线下同步”功能，打造预付卡支付、互联网支付、移动支付“三位一体”的支付体系。

在公共自行车版块与城市管理局合作，打通数据接口，市民通过App即可扫码借车，非常方便。自2014年上线自行车版块以来，借车次数已超过10万次。

美食版块，创新开发了“云豆子”虚拟币系统，并将其纳入大部分政府部门员工食堂券福利，以虚拟币的形式给员工充值。同时积极做好商家营销工作，通过媒体公开征集挑选了近百家口碑较好的美食商家，用户只须手机安装“爱安吉”App，即可到这些商家进行扫码消费，非常方便。此外，还面向大众用户进行“云豆子”充值有礼活动，充值一定金额即送现金或福利，获得了很好的用户反响。

“看安吉”版块，主要整合了智慧城市监控数据，在“爱安吉”App内开放了主要景区、道路、医院、学校、村社区等地的视频监控，用户通过App即可实时观看监控视频。

在智慧城市应用服务上，未来“爱安吉”App还可能把智慧停车、智慧民生等服务纳入，不断优化服务功能，为用户提供更好的智慧服务。

2017年，“爱安吉”App获得第六届“安吉县宣传思想文化工作创新奖一等奖”，依托安吉广播电视台媒体资源，凭借一流的新闻资源和高素质编辑、记者团队和视频优势，通过融媒体布局持续不断地生产出高质量、权威的新闻资讯，同时加快智慧城市服务功能建设，并逐渐成为安吉市民常用App之一。

（作者肖飞，安吉新闻集团新媒体中心副主任；金光华，安吉新闻集团总编室原主任，已过世；祁乐乐，安吉新闻集团党委委员、副台长）

专家点评

地方融媒体移动终端建设的新模式

面对外界众多新闻获取渠道，地方新闻机构如何推出能被用户接受和使用的移动终端，是非常现实且困难的问题。在这一问题上，安吉新闻集团推出的“爱安吉”融媒体移动终端给出了具有建设意义的答卷。

“爱安吉”App不仅收录了报纸、广播、电视、网络等多个渠道的新闻内容，还将视频直播技术引入广播节目。用户可以直接在手机上观看电台直播间状况，广播节目可视化成为可能。不仅如此，地方政务、街道资讯、美食娱乐、电话大全、天气预报等与普通民众密切相关的内容的引入，使“爱安吉”App不仅成为信息传递平台，还成为安吉居民日常生活的得力助手。

“爱安吉”App是安吉新闻集团在融媒体建设过程中非常有益的探索。在发挥好新闻传播优势的同时，安吉新闻集团将“爱安吉”App打造成地方综合性生活平台的做法既为当地居民带来了极大便利，也为安吉新闻集团提供了新的营收渠道。这种创新性尝试不仅可以帮助地方新闻机构主动在快速变迁的传媒格局当中找到自己的定位，还能帮助地方新闻机构在做好主流传播渠道的同时真正被群众接纳和喜爱。

（作者曾繁旭，清华大学新闻与传播学院副教授）

10 “秦朔朋友圈”

“秦朔朋友圈”作为一个自媒体，2015年10月16日才上线，但始终坚持专业主义立场。“秦朔朋友圈”专业要求严格：在理念和价值观上，记录中国时刻，推动商业文明，恪守中道；在议题设置上，坚持中国立场、全球化视野、民间立场、建设性立场；在编辑方针上，坚持“专业性+调研型+媒体风格”。向实践学习，关注热点，力求为读者提供专业观点、实证案例、新鲜的知识和养料、方法和借鉴。

主题演讲

关于媒体化社会、自媒体与“他责任”的思考

在人类历史上，媒体从来没有像今天这样无时不在、无处不在，融入一切又创造一切。这是万物皆媒的时代，是一切体验都可以实时传播、分享与交互的时代。

媒体化的影响是全方位的：

首先，在政治上，出现了“后真相”。用《牛津字典》的定义，“后真相”是“诉诸情感及个人信念，较客观事实更能影响民意”。特朗普这样的“推特总统”就是后真相时代的产物。

其次，在金融上，由于微信朋友圈加速了预期一致性的形成，2015年这一年就完成了以前要三年才能完成的牛熊循环。

最后，在消费上，一个节日化、娱乐化、直播化的“双十一”，24小时可以吸金2684亿元（2019年）。

这样的媒体化时代，对媒体人来说究竟意味着什么？

媒介即讯息，文明即传播

作为一个商业文明的研究和推动者，我认为，文明即传播。

文明始于扩散，社会离不开传播，媒体对人类进步的推动是毋庸置疑的。

卡莱尔（Richard Carlile）说，印刷机是人类心灵延伸的乘法表，印刷的技术就是人类心智的累积相乘。印刷机出现后，书籍就不再是修道士和贵族的专利。芝加哥大学教授Mihaly Csikszentmihalyi说过：“在16世纪的欧洲，做出创造性的贡献比从前更为容易，这并不是因为有更多创造性

人物出生，或是社会的支持更为有利，而是因为资讯更为普及并且更容易添加。"

到了19世纪，由于一系列和传播技术相关的发明出现——用照片捕获视觉片段、抓住动作，用电线记录声音、传递声音，以至传播学家们说"19世纪最伟大的发明，就是发明'过程'本身"。

在20世纪，媒体被阿尔文·托夫勒看作是"懂得自觉与外界互动的神经网络"。这位著名的未来学家在1980年第一次提出了"大数据"的概念。

在世纪之交，凯文·曼尼在《大媒体潮》（*Megamedia Shakeout*）一书中展望，大媒体是一种全新的传播概念和传播方式，向人们提供包括通信、影视、音乐、商业、教育等内容覆盖面极广的全方位资讯和娱乐，"大众传媒业、电信业、信息（网络）业都将统合到这种新产业之下，这个新产业就叫'大媒体产业'"。

1986年，我进入复旦大学新闻系求学，从此一直没有离开过媒体与传播工作。在我看来，中国今天已经真正进入了"大媒体潮"，社会化媒体和媒体化社会就是"大媒体潮"这一"硬币"的两面。

形式即内容，内容为本源价值

内容生产古已有之，但社会化媒体的演进主要是拜以互联网为代表的技术进步所赐，在中国其主要坐标如下：

1999年：以新浪、搜狐、网易为代表的门户时代开启。

2005年：以新浪博客为代表的博客，以土豆网、优酷为代表的视频网站出现，不仅在图文方面，而且在视频方面，"每个人都是生活的导演"，UGC（用户生产内容）模式开始了。以百度为代表，搜索成为信息采集的重要方式。

2007—2009年：弹幕视频平台AcFun、Bilibili出现，年轻人喜欢的ACGN（动画、漫画、游戏、小说）悄然成风。

2009年：微博开启Web2.0时代。

2012年：微信公众号正式运营，今日头条面世。

2013年：知乎向公众开放。

2014年：快手由gif（图像互换格式）图片应用工具向社交短视频转

型，喜马拉雅FM开启互联网音频的发展。

2016年：映客、花椒、YY等带动直播浪潮。

2017年：知识付费启航。

2018年：短视频、小视频火爆，抖音大火。

2019年：人工智能在内容生产和分发中广泛应用。

回顾中国互联网媒体平台的演进史，就是从PC到移动到万物互联，从图文到音视频和直播，从聚合传统媒体内容到社交化分享和个性化推荐，最终形成移动、实时、全媒体化、内容多样化、分发渠道多端化的大格局，让每个人找到属于自己的媒体。在每一个阶段、每一个平台上，都出现了新的表达形式和人格化的代表，从大V到网红、KOL、KOC（关键意见消费者）。

形式即内容，但形式取代不了内容，内容仍是媒体的本源价值。

以报刊为代表的传统媒体也在不断转型、融合。但无论是内容取向、内容表现形式、内容生产的工作流程、内容生产的组织方式，还是内容生产者的资本来源和治理结构，传统媒体依然为过往的“路径依赖”所困。

媒体化时代，重塑社会关系

在媒体演进的同时，中国社会也在发生着深刻的变化，媒体化社会开始形成。其形成的动力包括城市化、消费分级、消费偏好的同步化；从3G到4G、5G、云计算、人工智能的发展；以移动支付为基础的电子商务的兴起；从80后开始的“数字元人”新生代的扑面而来；全球化带来的文化影响，如美剧、韩流、宅文化……

所有这一切，在移动互联网和智能手机普及后，共同加速了社会媒体化和媒体化社会的形成。

用华为的概括来说，我们正处在一个全连接、零距离、因我而变、万物智能的世界，以及一个ROADs的新时代——Real time（实时）、On demand（随需立供）、All online（一切在线）、DIY（消费者参与）和Social media（社交媒体）。

用马云的话来说，一种新经济体正在出现，那是在互联网上诞生的经济体。

一方面，社会化媒体通过内容分享、内容电商、内容社群、内容IP化等路径，在深刻地影响经济、消费、舆论和风尚，并成为创造新消费、新品牌的新力量。另一方面，一切商业、政府和社会组织乃至个人，也充分地媒体化。以企业为例，从研发阶段的用户参与，到用户订单驱动柔性生产和弹性化的供应链，再到营销阶段的推广与营销，以及企业内外部管理的信息化、实时化，还有企业文化的形成与传承，都可以归结为一种社交化、互动化的传递机制。今天企业的CEO应该也是首席传播官、首席媒体官。无数的个人也建立了媒体，成为媒体，直接和用户相联系。

媒体自身演进，社会不断变迁，最后共同交汇于智能手机这一点，让“媒体即社会，媒体即消费”“企业即媒体，个人即媒体”变成现实。

试想一下，当智能手机如马化腾所言成为我们的“新器官”，而所有这些“新器官”都可以瞬间相连时，任何信息都可以实现最快速扩散，信仰、态度、产品、服务等都包含在这种扩散中。

今天的政治是什么？是通过和民众的广泛连接建立信任，快速反馈，将政治主张变成民众自身的预期和实践。没有信任，再宏伟的政治大厦也会变成“修昔底德陷阱”。

今天的经济在生产什么？据丹尼尔·贝尔所说，它在生产用户、消费者认可和追捧的“那种由文化所展现的生活方式”，而“用文化去展现”就是媒体的工作，就是传播的工作。

为什么在今天，一切皆有可能，颠覆容易发生？因为这是媒体化的时代、媒体化的社会，媒体就是日日更新的改变。一切都可速生，一切也容易速朽，一切都要重估，政治、经济、社会、文化、教育、人与人的关系都在重塑。因为有了智能手机和移动互联网这样的超级连接器与超级链接平台，一切从此不同。

“自媒体+他责任”，才是“真媒体”

媒体社会化、社会媒体化，对自媒体来说，这是空前的机会——只要能和社会经济的某个环节形成耦合关系，发挥赋能作用，建立有效连接，就有发展的空间；只要专注，就能占据某个“小而美”的独特领地；只要不断用年轻的心去拥抱用户，反馈、修正、迭代，就能生生不息地成长。

但我们也面临着空前的挑战——在信息海洋里，鱼龙混杂、真假莫辨的信息反而增加人们的搜寻成本，极端情绪、污名欺凌反而打碎人们的相互连接。同时，信息的过剩也很容易打击很多致力于内容生产的创业者的雄心。我们看到，碎片化、标题党、眼球效应让社会情绪的偏离度越来越大；在生存压力下，内容生产者不可避免地急功近利；行业管理的不确定性与传统管理模式的失效，让整个业态充满了焦虑。

从传统媒体的“精英解释事实”到社交媒体的“追逐受众心理”，这在什么意义上是一种进步，在什么意义上是一种挑战？

在某种意义上，自媒体其实不是真正的媒体，而是一种自传播现象。

2016年，Facebook宣布将采取一系列举措防范假新闻在其平台上散播，如与美国广播公司新闻部、美联社等第三方机构联合“打假”，在每条推送内容后附上举报标志，被列为“有争议”的内容将不能被付费推广。这是对美国大选期间，《教皇支持特朗普出任美国总统》《索罗斯支持黑人权益团体意在搞垮美国》《联邦调查局调查希拉里案件探员死亡》《华盛顿一家比萨店为性侵儿童窝点》等虚假政治新闻广泛流传，越来越多美国人因为在网上读到编造的政治新闻而不胜其烦的一种矫正。

长期以来，Facebook认为自己只是一个开放平台，通过提供更多内容来帮助人们决定应该相信什么和分享什么，而不是去裁决何为真、何为假。但越来越大的社会压力让Facebook不得不直面问题，并承诺未来会摸索一整套对付虚假内容的方法。

所以处在“大媒体潮”中的自媒体，如果要真正走上一条健康可持续的媒体之路，而不是“霉体”之路，就必须将自己置于整个社会文明进步的大视野，遵循媒体伦理，坚持专业主义。

如同人格心理学家荣格的公式“I+We=Fully I”，“自媒体+他责任”才是“真媒体”，也就是以客观公正为天职的媒体。媒体应该帮助受众“把这世界看得真真切切明明白白”，而不是“以其昏昏，使人昭昭”，以讹传讹，让认知受到更多纷扰。

有多少自由，就应该有多少自律。

在“大媒体潮”中，其实没有新旧媒体之分，一切媒体都要顺应媒体社会化、社会媒体化的大趋势，不固化，不僵化，因时而变，与时俱进。

对媒体人来说，更重要的区分标准应该是内容的真伪、品质的优劣、传播力的强弱、吸引力的高低。

"社会化媒体"的前进方向，是为了一个更健康、更清洁、更公正，同时充满活力的"媒体化社会"的形成与发展。"社会化媒体"和"媒体化社会"，以责任为纽带，才能共生共荣。

"秦朔朋友圈"，专业主义一以贯之

"秦朔朋友圈"从2015年10月16日上线起，就坚持专业主义的立场。

何谓专业主义？溯及其词源"profess"，是一种誓言。著名的《希波克拉底誓言》就是"向上帝发誓，以此为职业"的誓言，具体包括：允许我行医，我要终生奉行人道主义；向恩师表达尊敬与感谢之意；在行医过程中严守良心与尊严；以患者的健康与生命为第一位；严格为患者保守秘密；保持医学界的名誉与宝贵的传统；视同事为兄弟，不因患者人种、宗教、国籍和社会地位不同区别对待；从受孕之始，即把人的生命作为至高无上之物来尊重；无论承受怎样的压力，在运用自己的知识时也不会违背人道主义。

显然，专业主义不仅是一种技术和能力，也是一种操守和准则。借用大前研一在《专业主义》一书中的说法，"他们不仅具备较强的专业知识和技能以及较强的理念，而且无一例外地以顾客为第一位，具有无穷的好奇心和永无止境的进取心，严格遵守纪律"。

"秦朔朋友圈"有严格的专业要求。具体包括以下三方面：

（一）理念和价值观

我们的理念是"记录中国时刻，推动商业文明"。我们的价值立场是恪守中道。

我们认为，中国必须走现代化之路，也必须建构和拥有支撑现代化的现代性。同时，中国现代性的塑造和中国的现代化道路，既是与世界现代化、现代性演进相联系的过程，也是从自身的精神资源中展开的"内源性生长"和"主体性建构"。不能体现出主体性的现代性，则很容易走到鹦鹉学舌、机械照搬的路径上。而无论现代性还是主体性，都以人的解放、发展、能力的全面提高为依归，都依靠物质世界和精神世界的勇敢实践来真实地呈现。

我们对商业的理解是：商业改变世界，商业改变中国，中国改变世界。商业的精神绝不只是时尚和金钱，商业也是一种责任。负责任的商业，就是一种文明。没有文明的商业，就没有文明和谐的社会。

（二）议题设置

我们在议题设置方面的要求是：坚持中国立场，不是西方立场，但也不是反西方的立场；坚持全球化视野，汲取一切先进文化和先进文明；坚持民间立场；坚持建设性立场，包括建设性批评。

（三）编辑方针

我们在编辑方针方面的要求是：专业性+调研型+媒体风格（权威性、趣味性、显著性、时新性、贴近性）。我们希望给读者带来的价值包括：提供专业观点；提供实证案例；提供养料；提供新鲜的知识；提供方法和借鉴。

我们注重向实践学习，关注热点，把热点拉到我们的价值观和方法论框架中。

凭借上述自我要求，我们一步步走了过来，不图一时之快，不逞一时之强，不问收获，但问耕耘，但求心安理得。

坚持初心，慎终如始，我们永在奋争之中，只是心怀希望。

（演讲者秦朔，“秦朔朋友圈”创办人）

“ 案例分析

财经自媒体品牌资产创建策略分析

——以“秦朔朋友圈”为例

当今中国成为世界第二大经济体，大众获取财经类信息的需求不断攀升。同时，在互联网时代，自媒体成为人们获取新闻的主要途径，财经自媒体井喷式出现。数据显示，2016年财经自媒体类微信公众号已超过1200万，头条号数量已达到44万，自媒体数量的激增导致自媒体间竞争加剧，创建品牌资产成为财经自媒体提升竞争力的重要手段，形成强势品牌能够使财经自媒体获得长远利益，所以如何创建品牌资产成为各个财经自媒体迫切需要解决的问题。笔者将在品牌资产理论基础上，通过“秦朔朋友圈”财经自媒体的个案研究，将品牌资产分为品牌知名度、品牌忠诚度、感知质量以及品牌联想四个部分进行财经自媒体品牌资产创建策略的分析。

品牌资产与财经自媒体

2015年创办的“秦朔朋友圈”微信公众号发布的第一篇文章阅读量在10万以上，其微信公众号开办一年后用户量达40万。目前，其单篇文章阅读量平均在3万以上，脱口秀节目的播放次数单集平均在3万以上，微博粉丝数量达到了381万。笔者在百度指数中搜索“秦朔”二字，发现关键词搜索次数每周维持在600次以上，可以说“秦朔朋友圈”已经初步创建了品牌资产。2017年“秦朔朋友圈”入围“胡润中国最具影响力财经自媒体50强”，在2017年1月19日新浪财经举办的“2016新浪财经自媒体颁奖典礼”上，“秦朔朋友圈”获得“财经自媒体意见领袖奖”。“秦朔朋友圈”两年时间内就在财经自媒体中脱颖而出，其品牌资产的创建策略不可忽视。

品牌资产是20世纪80年代在营销研究和实践领域出现的一个重要概念。根据戴维·阿克所说，“品牌是一种名称、术语、标记、符号或设计，或是它们的组合”，品牌资产则是“与品牌（名称和标志）相联系的，可为公司或顾客增加或削弱产品价值或服务价值的资产和负债”。品牌资产是企业最有价值的资产之一，是品牌为企业带来的价值，它可以提高客户对产品使用的满意程度，增强竞争优势和企业收益。

“秦朔朋友圈”品牌资产创建策略分析

（一）提升品牌知名度——搭载同类自媒体、原创内容以及商圈名人效应

戴维·阿克认为，品牌知名度是指潜在客户认出或想起某类产品中某一品牌的能力。戴维·阿克在书中建立了知名度的金字塔。在财经自媒体刚刚创办时，知名度处于第一级别即不知道品牌，“秦朔朋友圈”采取搭载同类知名自媒体、发挥商圈名人效应、创作差异化内容等创新策略，使品牌知名度不断升级。多渠道运营、借助大流量平台、线下讲座在财经自媒体中较为常见，本节不做重点分析。

1. 搭载知名同类自媒体扩大知名度

财经自媒体的用户群较为精准，利用同类自媒体宣传品牌来吸引潜在用户能够实现精准用户中品牌知名度的提升。这种策略依赖于财经自媒体创办人的一些人脉关系，是“秦朔朋友圈”相比于其他财经自媒体的独特策略之一。“秦朔朋友圈”开办初期，吴晓波写了一篇文章《最后一个“看门狗”也走了》，宣布秦朔离开第一财经的消息，该篇文章阅读量在10万以上，某种程度上提升了秦朔的知名度。借助同类自媒体需要创办人有一定的人脉关系，并不是每个财经自媒体都能做到。

2. 凭借商业圈明星提升知名度

明星效应对提升企业品牌知名度效果显著，在财经自媒体中由于用户群体的特殊性，商圈名人的宣传效果不可忽视。“秦朔朋友圈”在利用这一策略时注重时机选择，一是在最需要宣传的开办初期，二是在日常推送

中也经常点评名企业家。比如秦朔在公众号开办伊始，在发布的文章《商界领袖为何集体祝福？因为他们共同的选择是文明》中，秦朔将68位商界朋友的祝福词进行整理、编辑及发布，利用业界大咖的明星效应提高了知名度。

3. 原创内容实现差异化

在财经自媒体传播方法趋同的背景下，原创内容无疑是提升品牌知名度的重要突破口，是财经自媒体安身立命的根本。数据显示，40.4%的人选择把微信作为主要新闻获取来源，资讯成为公众关注公众号的第一需求，因此内容质量尤为重要。秦朔在微信公众号的文章对原创内容很重视，在"秦朔朋友圈"每篇原创微信文章标题下方都会标明"这是'秦朔朋友圈'的第××篇原创首发文章"，平均每天发布两条原创文章，原创内容占其微信内容80%以上。"秦朔朋友圈"之所以能够实现差异化，与其原创内容密不可分。

（二）建立品牌忠诚度——依靠内容、用户定位以及规律推送

财经自媒体打响知名度后，面临的首要问题是建立用户的忠诚度，让用户认可品牌，长期依赖品牌。"秦朔朋友圈"在建立品牌忠诚度时最为突出的策略是找到市场空白后精准定位，形成品牌个性，并且提供额外服务。

1. 找到市场空白，实现精准定位

在激烈的市场竞争中，财经媒体要确立品牌优势、扩大市场份额，需要对传媒市场有清晰的认识，从自身定位出发，确立品牌的用户定位。从"秦朔朋友圈"微信文章主题来看，样本中有48.4%的文章主题为中国、国际宏观经济以及企业文明，用户群聚焦企业家、学者等精英化群体。当时的市场环境下，企业家情怀、商业文明研究属于财经自媒体的空白领域，"秦朔朋友圈"成功找到了切入口。在互联网时代，垂直化媒体、粉丝社群化成为必然趋势，找到精准的品牌定位可以维持自媒体与用户之间的稳定关系，并且形成粉丝社群，从而提升品牌忠诚度。

2. 细化菜单栏，提供额外服务

"秦朔朋友圈"的微信公众号菜单栏颇为创新，增加了站内搜索功能，并在图文专栏区将微信发布内容再度细分，分为"秦朔文章""投资

理财”“创新商业”以及“朋友文化”四个版块，为用户的精准阅读提供了便利，如今用户期待能够获得更多、更全面的功能。“秦朔朋友圈”的菜单栏功能是额外服务的一种形式。随着技术的发展，用户对额外服务的需求会不断增长，财经自媒体应不断创新，使用户更加认可品牌，从而形成品牌忠诚度。

3. 品牌个性增强用户好感

品牌个性是与给定品牌相联系的人格特质的组合，与产品相关的特征是品牌个性的基础推动力。“秦朔朋友圈”的品牌个性是企业家精神。笔者对样本进行分析，将文章的主题分为9类，分别为企业家与企业文明、热点盘点、股市投资、国际宏观经济、创业者、互联网与新科技、房地产、热门影视剧评论以及其他。得到结果见图10-2-1。

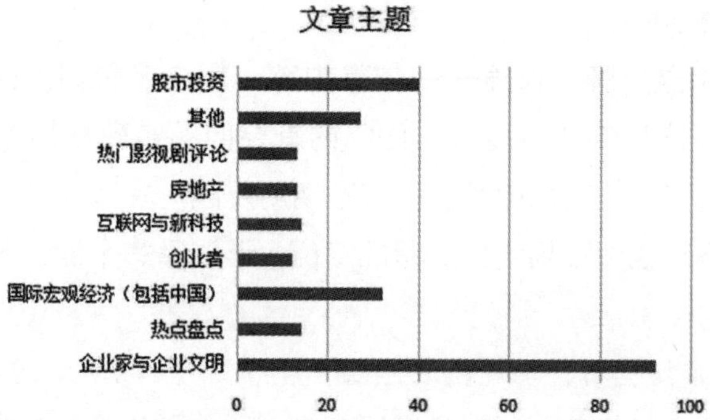

图10-2-1　“秦朔朋友圈”微信公众号文章主题统计图

由图可知，“秦朔朋友圈”中有关企业家与企业文明的文章比重较大。“秦朔朋友圈”通过其内容的发送为自己塑造了有情怀、有企业精神的品牌个性。在众多提供工具性内容的财经自媒体中，“秦朔朋友圈”的品牌个性得以凸显，在目前财经自媒体中属于独一无二的存在，从而增强了用户对于品牌的依赖性，形成品牌忠诚度。

“秦朔朋友圈”的微信内容虽然还是以企业家和商业文明为核心主题，但其他内容如鸡汤文、教育、政治相关文章比重也不少。笔者认为，可以将与品牌个性相关的企业家、宏观经济内容比重再增大，尽量在垂直细分财经领域做到垄断位置，使品牌联想与品牌忠诚度更为强烈。

（三）形成良好感知质量——内容、情怀、个人专业背景

"感知质量是指顾客了解某一产品或服务的具体用途后，心里对该产品或服务相对于其他同类产品或服务的质量或优势的整体感受。"感知质量可以为用户提供购买理由，甚至掌握高价优势。对财经自媒体而言，刚刚成立时期必须进行大量宣传，高质量的内容、积极的意义迁移能够塑造自媒体产品的高质量形象。

1. "内容为王"提供高质量产品

哈佛大学戴维·加文提出，产品质量包括七大要素：性能、功能、符合标准性、可靠性、耐久性、服务能力以及质感和外观。对于财经自媒体，其基本功能即为用户提供财经相关信息。可靠性是所有财经自媒体的一个必备产品质量，脱离可靠性则是假新闻、虚假信息。质感和外观在财经自媒体中体现为微信文章的排版、色彩、字体等。"秦朔朋友圈"配合其自身的内容风格（深度、情怀、专业），选择简单大气的排版方式，从而提高产品质量。但"秦朔朋友圈"的微信排版方式缺乏独特性，中规中矩，对篇幅较长的文章来说，这样的排版很容易令用户产生阅读疲劳，因此财经自媒体应该根据文章篇幅、主题等具体因素设计相应的排版效果。

2. 大量宣传塑造感知质量

财经自媒体创办初期，感知质量主要凭借宣传进行塑造。秦朔在自媒体创办初期专门发表文章《企业家精神到底是什么》，用大量篇幅宣传其企业家精神，将企业家精神灌注到客户的感知质量中。"秦朔朋友圈"在最初成立时的宣传片中指明，"秦朔朋友圈"是一个高品质的新媒体与专业服务品牌，通过所获奖项进行产品质量宣传。但"秦朔朋友圈"的宣传方式略显老旧，新媒体时代的"两微"（微博、微信）宣传模式成为常态，可以尝试更多拓宽整合营销渠道的宣传方式。

3. 个人背景塑造专业的感知质量，实现意义迁移

如今很多财经自媒体的创办者本身有专业背景，这种专业背景可以塑造专业的品牌感知质量。秦朔1990年到《南风窗》杂志工作，把一本青年励志类刊物转型为全国最大的政经杂志。2004年，秦朔撮合广州日报集团、北京青年报社和上海文广集团，创办中国第一份市场化的财经日报《第一财经日报》并担任总编辑。秦朔用自己的名字命名品牌，为

自己的品牌代言，其实是一种意义迁移。意义迁移模型（meaning transfer model）诠释了名人是如何通过将个人的特质赋予代言产品，代言产品又是如何影响消费者选择的过程。财经自媒体的意义迁移是将创办人的专业特性转移到内容产品上，塑造专业、可靠的感知质量，有效促进用户的购买，是品牌资产的重要组成部分。意义迁移通常需要与宣传相结合，秦朔通过对个人创业的宣传以及各知名企业家的支持将自己的财经专业形象顺利迁移到自媒体上，但感知质量最终还是需要产品立足，意义迁移的持久性有待考量。

（四）构建品牌联想——固定标志、脱口秀以及用户参与

品牌联想是指用户记忆中与品牌相联系的一切事物，品牌的宣传推广与用户的使用经历关联越多，品牌的联想就越强。“秦朔朋友圈”就确立了品牌名称标志，进行了大量广告宣传并强化了产品无形特征，从而形成品牌联想。

1. 固定标志、名称创建用户联想

创建品牌联想的第一步是拥有品牌独有的标志、名称甚至口号。“秦朔朋友圈”品牌名称是吴晓波帮忙取的，英文名为“chin@moment”。“秦朔朋友圈”的品牌Logo（商标）属于图形文字复合标志，在微信公众号的文章中，每篇文章第一张图片的左上角都会印上“秦朔朋友圈”的Logo，Logo在每期财经脱口秀片头也会出现，固定的品牌名称和Logo以及高频率的品牌标志输出是创建品牌联想的基础。

2. 脱口秀节目强化无形特征

无形特征较为抽象，是指产品的无形特征，财经自媒体的产品是财经信息，不同于制造业的产品，能够精确计算零件是否合规、质量是否过关，财经信息的主题、质量等都是难以衡量的无形特征，但无形特征能够使自身品牌明显区分于其他品牌，形成独特联想。以“秦朔朋友圈”的财经脱口秀为例，从2015年11月5日到2017年11月5日共103期脱口秀节目，其中53期是关于企业家精神主题的脱口秀，20期关于中国宏观经济的节目，尤其在“秦朔朋友圈”脱口秀刚刚上线时期即2015年，所有脱口秀节目主题都是对知名企业家的评价，节目不断输出其内容关注中国商业文明、追求企业家精神的无形特征，加强了用户对“秦朔朋友圈”的品牌联想。

3. 微信推送使用第一人称与用户建立"朋友"关系

财经自媒体在进行内容推送过程中，使用第一人称可以迅速拉近与读者距离，培养朋友般的品牌联想。笔者对"秦朔朋友圈"样本的语词做了分析，将所有文本进行整理，以"我""我们"为关键词进行检索，结果显示257篇文章中出现了1692次"我"，平均每篇出现9次"我"，原因之一是秦朔经常以自己的人生经历或者与企业家的对话作为文章内容，必不可少要使用第一人称；原因之二则是为了拉近读者与品牌的距离，把专业的财经信息转化为聊天式的交流，站在客户角度的写作能够快速让用户建立"朋友的联想"，从而创造品牌联想。

结语

笔者以戴维·阿克的品牌资产理论为框架，将品牌资产分为品牌知名度、品牌忠诚度、感知质量和品牌联想四个部分，以"秦朔朋友圈"为个案，分析"秦朔朋友圈"在创建品牌资产时的策略，研究发现：

首先，"秦朔朋友圈"依靠高品质内容、公共宣传、商圈名人代言等策略，成功创建了品牌资产，充分利用财经自媒体的优势，不断向强势品牌靠拢。但整体策略还不够完善，对粉丝群的关注不够，用户参与度较低，线下活动形式比较单一等。对品牌资产的监控措施以及用户粉丝调研环节缺失，品牌资产创建以后应该进行不定期评估，及时调整策略，以求品牌资产进一步升值。

其次，财经自媒体创建品牌资产时应该坚持"内容为王"，选择商圈内的名企业家、媒体人为代言人；实现品牌的精准定位，提供额外服务从而增强品牌忠诚度；在感知质量方面，财经自媒体要完善内容，重视评论，加大宣传；强化无形特征，努力与用户建立朋友关系，从而形成品牌联想。

再次，将品牌资产引入财经自媒体，扩充了戴维·阿克的品牌资产理论的外延，填补了品牌资产理论在自媒体领域应用的空白，创造了一个新的研究维度。

最后，财经自媒体依托社交网络平台进行内容生产和发布，成本比传统财经媒体低，一方面挤压了传统财经媒体的市场，另一方面刺激传统媒体的全媒体融合加速发展，最终将打造一个全新的以数据可视化、内容垂直细分化、用户需求主导、粉丝社群化、媒体品牌化为特征的财经媒体生态圈。

（作者马嘉悦，上海财经大学人文学院硕士研究生）

专家点评

自媒体不是“自霉体”

“秦朔朋友圈”作为一个自媒体，于2015年10月16日上线。可以说，它没有赶上微信公众号的第一波发展热潮，属于一个“迟到者”，但凭借着秦朔及其团队的艰苦努力，这个自媒体能够在提供优质内容上持之以恒，逐渐做大了品牌，做出了影响力，而且很好地把握了舆论尺度，在比较敏感的问题上，以自己的方式释放独特的声音，很好地丰富了我们的舆论场。

“秦朔朋友圈”是怎么做到这一点的呢？秦朔本人在演讲中给出了答案。他认为，当媒体社会化、社会媒体化时，对自媒体来说，这是空前的机会——只要能和社会经济的某个环节形成耦合关系，发挥赋能作用，建立有效连接，就有发展的空间；只要专注，就能占据某个“小而美”的独特领地；只要不断用年轻的心去拥抱用户，反馈、修正、迭代，就能生生不息地成长。

机遇摆在所有人面前，为什么就只有少数人把握住了？秦朔进而认为，处在“大媒体潮”中的自媒体，如果要真正走上一条健康可持续的媒体之路，而不是“霉体”之路，就必须将自己置于整个社会文明进步的大视野中，遵循媒体伦理，坚持专业主义。

秦朔是这么说的，也是这么做的，“秦朔朋友圈”过去几年来所取得的成就就是最好的注脚。

（作者窦锋昌，复旦大学新闻学院教授、高级记者）